语文的秘密

谭旭东◎著

黑龙江少年儿童出版社

图书在版编目（ＣＩＰ）数据

语文的秘密 / 谭旭东著. -- 哈尔滨 ： 黑龙江少年
儿童出版社，2023.8
ISBN 978-7-5319-8253-1

Ⅰ．①语… Ⅱ．①谭… Ⅲ．①小学语文课－教学参考
资料 Ⅳ．①G624.203

中国国家版本馆CIP数据核字(2023)第135487号

语文的秘密
Yuwen de Mimi

谭旭东　著

出 版 人：张 磊	
责任编辑：李春琦　夏文竹	
责任印制：李 妍 王 刚	
设计制作：文思天纵	
出版发行：黑龙江少年儿童出版社	
（黑龙江省哈尔滨市南岗区宜庆小区8号楼 150090）	
网　　址：www.1sbook.com.cn	
经　　销：全国新华书店	
印　　装：黑龙江天宇印务有限公司	
开　　本：710 mm×1000 mm　1/16	
印　　张：12.5	
字　　数：163千	
书　　号：ISBN 978-7-5319-8253-1	
版　　次：2023年8月第1版	
印　　次：2023年8月第1次印刷	
定　　价：36.00元	

为孩子写"小书"

谭旭东

利用暑假，整理出了一些和语文学习有关的短文，定名为《语文的秘密》，拟与《作文的秘密》作为一套姊妹书，献给小读者。

《语文的秘密》总共四辑，涉及如何理解语文、如何学习课本，如何抓好课外阅读和读写结合等内容。这里要特别感谢顾鹰，去年她约我在《常熟日报》开设"谭老师读写课"专栏，每周写一篇千字文章，主要结合中小学生的实际生活，谈语文学习，谈读写，年初至今已经刊出了30多篇，加上《语文报》《阅读与成才》和《语文教学通讯》等刊物的约稿，还有给其他少儿报刊零星写的短文若干，都是谈语文学习的，结集于此。附录部分是几个访谈和对话，也都与语文学习有关。其中，《辽宁日报》和云南网刊出的两个访谈影响很大，还被"学习强国"学习平台转载。

语文学习非常重要，这样说不仅是因为近几年的中考和高考加大了语文考试的难度，还因为语文学习是各科课程学习的基础，尤其是阅读能力和写作能力，直接决定了一个学生的整个学习质量，也影响着每一个人的进步与成才。语文教育界有一个说法——"语文是各科之母"，说的就是语文是学习的"底子"，学好语文会让学习更顺利。小学阶段的语文更是打一生的底子，识字、阅读、习作，都是最基本的功夫。识字量不够没法读书；阅读量不够，对文字的理解力就不会太强；读得少，会导致视野狭隘，很容易有偏见，难以写出好文章；练笔少，既影响思维的连贯性，也影响修辞的使用，写出来的作文也就不会精彩。这些是常识，也是学语文的共识。

过去，很多文学大家和语言学大家都很关心儿童，很关注语文，民国时期的大家喜欢写"小书"，当代的语言学大家还亲自点评小学生作文。我手边有一本《东方少年》杂志的创刊号，上面就有周建人、高士其、张天翼、严文井、陈伯吹和孙敬修写的贺词和寄语，还有叶圣陶写的代发刊词《给少年儿童写东西》。我很欣赏叶圣陶的"给少年儿童写东西"，这句话很实诚，是一种看似低姿态的高境界。即便是现代文学先驱和现代语文教育的奠基人，也愿意给少年儿童写东西，这是爱，更是智慧和境界。特别值得赞许的是，这期创刊号上，吕叔湘、张志公这样的语言学大家，都亲自做"作文评改"。吕叔湘评改了一位小学五年级学生的作文《我为集体做了一件好事》，张志公评改了一位高中学生的作文《情》。他们评得细致，评得到位，语言亲切，而且充满了爱护之情。我还读过王力、朱德熙和程千帆等先生谈语文的"小文"，受益良多。他们关注一线语文教学，也了解语文教材，甚至对一些很具体的问题都很熟悉，这是值得我们学习的。

现在大学的语言学、文学教授关心语文的少了，对作文教学也不了解。即便一些做教学法研究的教授也对教材、课堂存在的问题很隔膜。甚至有不少教授轻视语文教育，也看不起给孩子写东西的人。我也多次遭遇过这种轻视和偏见。但我觉得语文教育事关民族未来，事关国家兴衰，应该有更多的人来接续叶圣陶、吕叔湘、张志公这些前辈大家的爱和智慧，来研究教材，研究课堂和课程，研究作文教学，切实为儿童学语文、学写作出主意，出方法。这些年，我在教学之余，将不少时间和精力投入到语文教育的理论和实践研究中，编了一些书，写了一些文章。我这样做，除了兴趣使然，还有三个方面的原因：一是我出身于教师家庭，对中小学教育的情形很熟悉；二是我本科、研究生阶段都在师范大学读书，对师范教育的特点和问题也相对了解；三是我本人喜欢孩子，关注儿童教育事业，对儿童文学、儿童阅读、语文教育有一份自然的热情。《语文的秘密》和《作文的秘密》就是我热爱语文教育并进行一些实践而形成的两个小小的成果。

在这里，我尤其要感谢语文报社的任彦钧、裴海安等诸位编审的厚爱，感谢《语文建设》《中国教师》《农村孩子报》等报刊编审的信任！也要感谢很多支持我的一线语文老师，感谢我的家人，感谢我的读者。是你们给了我为孩子写"小书"的信心和勇气！

我把《作文的秘密》和《语文的秘密》交给黑龙江少年儿童出版社，是因为李春琦老师一直是我的书的责编，我和该社以及黑龙江出版集团有深厚的友谊。相信这两部书的出版，会对小学生，乃至中学生的语文读写有直接助益，也希望它们能成为语文老师和家长们的好帮手。

2022 年 9 月 10 日（中秋节、教师节）
写于北京家中

目录

第一辑
语文是什么 / 1

语文是什么 / 3

语文：由语到文 / 5

学语文，到底学什么 / 8

不可忽视家庭语文 / 11

不要被动学语文 / 14

只读课本是不够的 / 16

字典是好帮手 / 18

与课本相熟 / 20

语文学习的问题 / 23

再说语文学习的问题 / 26

语文学习三步 / 28

第二辑
课文怎么学 / 31

文体知识很重要 / 33

了解课文作家 / 36

寓言课文怎么学 / 38

神话课文怎么学 / 41

如何理解课本里的戏剧 / 43

学好童话多受益 / 46

如何学习课本里的童话 / 49

怎么读现代诗 / 51

古诗词学习的重点 / 54

调动感觉读古诗 / 57

品读贺知章的《咏柳》/ 59

古诗词也需要吟诵 / 62

古诗文学习建议 / 66

第三辑
阅读是基础 / 69

为什么要读好书 / 71

如何选好书 / 73

读书重在兴趣 / 77

让阅读有积累 / 79

课外阅读怎么抓 / 82

如何激发阅读兴趣 / 84

阅读训练要有方法 / 87

不要只记好词好句 / 90

读有心得才重要 / 93

课外阅读要拓展 / 95

听书不是阅读 / 98

书不是这样读的 / 100

如何高效阅读 / 102

如何精读与略读 / 105

怎么读整本书 / 107

不读书怎么进步 / 109

读名著特重要 / 111

第四辑
读写要结合 / 115

怎样才能读写结合 / 117

读与写紧密关联 / 120

中年级读写怎么抓 / 123

做好读书笔记 / 126

让写作变成素养 / 129

怎么写出好的成品 / 132

怎么用思维导图 / 134

要对得起读者的信任 / 136

多读童诗，学写童诗 / 138

读小诗，写小诗 / 141

从生活中寻找诗意 / 143

让儿童诗陪伴你成长 / 147

农村学生怎么抓作文 / 149

如何快速提高语文能力 / 152

会读才会写 / 157

附　录 / 161

一、关于儿童电影的连线对话 / 163

二、儿童读写 15 问 15 答 / 168

三、如何提高孩子的读写能力 / 174

四、选择那些跳起来才能摘得到的"苹果" / 180

五、谭旭东：穿着平跟鞋漫步在红河的土地上 / 186

第一辑

语文是什么

语文是什么

语文是什么？有人认为语文就是语言和文学，有人认为语文就是语言和文字；还有人认为语文就是语言和文化。

说语文是语言和文字，主要是搞语言学的人说的，他们想强调语言和文字的重要性。但语文课文又是作品，而且大多数是文学作品，所以讲课文不可能只讲语言和文字，还要按照作品的规律来讲。比如，对诗、散文、童话和小说这样的作品还要按照文体的规律来讲，而且既要讲审美，也要讲思想，不然的话，课文的价值和意义从哪里来？另外，如果单纯教语言和文字知识，够不够？能不能解决读和写的问题？肯定不能。读，不可能只读语言和文字，而是读作品和书籍。而写，也是写文章——写记叙文，写议论文，写说明文，写诗，写散文，写故事，等等。写记叙文、议论文和说明文只是基础训练的一部分，在参加小学和中学语文考试时有用，但这些写作到了生活和工作中，就用不上了。

说语文是语言和文学，主要是搞文学的人说的，他们想强调语言和文学并重。我更偏向于这个观点，因为语文课文的选编也是以文学作品为主的，虽然也有少量的知识小品文和主题教育课文，但课本里最吸引学生的课文基本上都是作家的作品，尤其那些古代、现代著名作家的作品，往往是重点课文，也是考试最常考的课文——按照很多语文教师的说法，这些是有"考点"的课文。此外，提高学生的阅读能力也要强调让学生读文学名著，而不是去读其他文章。为何如此？

因为著名作家的经典作品是有文字示范性的，其文字不但有丰富的修辞和想象力，还有丰厚的社会生活内涵，也蕴蓄着作家的个性人格和独特的生命经验，因此，读这些作品不只是学语言，还是了解世界、感悟人生、学会做人做事的一个途径。当然，学生写作能力的培养更是要以文学作品为蓝本，单纯地按照记叙文、议论文和说明文三种模式作文去练习是很难真正提高写作能力的。因为这三种模式作文是最好教的，也是最简单的作文模式，老师教起来容易一些，但学生即便学会了，未必就会写作，将来也未必会爱上语文和写作。就好比读新闻作品，浏览网络爆款文章，读得再多，也不一定会敬畏文字、热爱写作。

说语文是语言和文化，听起来好像高大上一些。学语文当然就是学文化，但我觉得强调"文化"有些多余了，因为无论是语言、文字还是文学，都是有文化的，其本身就是文化的一部分。

总之，语文的内涵丰富，对学生来说，学语文不但要过语言的关，还要过文学的关。要过这两关，自然要抓好读和写——读有助于识字，有助于理解语言；写有助于提高文字创造力。一句话：一个学好了语文的人，一个爱读会写的人，就拥有了基本的文化底蕴。

语文：由语到文

学好语文，教好语文，一定要有对语文的正确理解。前面我谈了一下"语文是什么"，相信大家都基本理解了语文是什么。这里我还想就这个问题谈一些看法，也许可以帮助大家更好地理解语文的真谛。

语文，从词语组合上看，是"语＋文"，其中的"语"和"文"是平行关系，因此"语文"是一个联合词组。但语文不是简单地包括"语"和"文"，而是由"语"到"文"。下面详细说说我的看法。

语文界的人都知道，所谓"语"就是口头语言，而所谓"文"就是书面语，即写下来的书面的文字。

民国时期的国小教材都叫"国语"，主要是强调小学语文要重表达，尤其是口头语言的表达能力。大家知道，民国时期的教育普及率很低，绝大部分国民是文盲，而且那时几乎没有家庭亲子阅读，学生进小学读书，几乎都是从零起步。所以国语教育要求学生识字，口头表达，然后到了中高年级学会习作。民国时期的国语教育没有我们今天的语文教育那么复杂琐碎——加了拼音，而且在字词教学方面花很多时间，习作教学又是什么连续性文本、非连续性文本等，天天概念翻新，年年搞课程改革，而且课程标准并不真正对标语文。现在，小学生还没对语文产生兴趣，他们连记叙文、说明文和议论文的概念都没搞懂，语文教师就把什么连续性文本、非连续性文本的概念和思维训练等摆到了学生面前。这显然是偏离了语文教育的轨道。在这一点上我认为应该向民国时期的国语教育学习，把目标定准。

民国时期的中学语文叫"国文"，显然，学习国文，意味着学习的重点不再停留在口头表达能力上了，而是到了书面文字的写作上。对中学生来说，会写是最重要的。

我觉得从国语到国文，背后有一个科学的学习逻辑——语文要从语到文。今天，我们的语文教育也应该落到这个逻辑上来，学生学语文，一定要从口头表达能力渐渐提升到文字写作能力，不能停留在会说的层面上，而要会书面表达，会写出各种或优美或实用的文章。

在给《中国教育报》写的一篇谈教师读书的短文里我就提过，语文界不应该生硬地把外语教学中的"听、说、读、写、译"移植到语文教学中来，对我们来说，语文是母语教育。在母语环境里，听力是所有耳朵没有问题（没有听力障碍）的人都可以在生活中解决的。语文教育只要落到"说、读、写"上即可。也就是说，语文先要训练学生会说，会有逻辑地说，会用修辞来说，然后通过阅读指导，督促学生大量阅读经典和佳作，领悟文字的魅力，提高阅读能力，在此基础上再来培养学生的写作能力。

在一篇谈创意写作和语文教育的论文里我也写过，语文学习能力的最基本要求是要会说，而会写是最终的能力要求。但由会说到会写，必须要过会读这一关。读是在培养文字理解力，读多了，读出了文字的奥妙，才会创造文字作品。读不同文体的文章，等于学习不同的文字组装的模板，因此，读对写来说至关重要。生活中，有些人很会说，说起来头头是道，但一下笔却捉襟见肘，为什么？因为他们读得不够，文字的理解力不行，文字的创造力自然跟不上。而且学习语文，如果只会说会读但不会写，等于语文学习没有达到最终目标，某种程度上来说，语文就白学了。

　　以上我说的意思，总结起来就是：语文就是由"语"到"文"。但由"语"到"文"中间要过一座桥，或者说要爬一座山，即读。因此，抓好说、读、写，就等于学好了语文。

学语文，到底学什么

　　我曾经看过复旦大学哲学教授王德峰的一个视频，在那个视频里他讲了一件事，说北京一所小学考语文，试卷上有一道填空题，"冰雪融化了以后是＿＿＿"。几乎所有的学生都填出了语文老师的标准答案"水"，只有一位学生填了"春天"，但语文老师给这位学生判了错，据说这件事传出去后，引发了北京语文界很多人的讨论。王德峰教授认为这位语文老师错了，他说如果认为填"水"就对了，等于把教语文简单地当作是教自然常识。而判那个填"春天"的学生错了，等于把学生的想象力之火扑灭了，王德峰教授认为这是把未来文学家的种子给掐坏了。

　　这个视频给了我一些关于语文的思考，那就是语文到底要教什么、学什么。无疑，王德峰说语文不是教自然常识，不只是知识的传授，这是没错的。而且那位语文老师判"春天"这个答案错，也犯了常识的错误，因为他只机械地认可出题人给定的答案，却没有顾及学生想象的合理性，也没有认识到这个题目本身就有多种答案，因此可以说他不知道语文到底该教什么。其实，"春天"是一个令人惊喜的答案，恰恰是这个答案显示了学生的理解力和想象力，而不是记忆力。那些填"水"的学生也没错，但他们是机械地顺应了老师的标准教学，他们是按照习惯去答题的，也记住了老师重视的所谓"知识"，却没有培养起理解力和想象力。而填了"春天"这个答案，不但说明这位同学有想象力，还有对事物的理解力，更关键的是，这个学生由冰雪融化想到了春天，说明他能把自己的认识和理解与外部世界对接起来，这就超越了想象力，是一种融会贯通的能力，这种能力和举一反三的能力是结合在一起的。

当然，王德峰说填"春天"的那位学生可能是未来的文学家，我觉得只说对了一部分。并非只有诗人、文学家才需要想象力，做好一切事业都需要想象力。想要成为一个有创造力和创新能力的人，就必然需要有想象力。要知道，一个人的能力最基础的部分，就是感知能力，即通过感知器官感知外界事物的能力。然后是记忆力，即对感知到的外界信息和思维产生的内部知识进行储存的能力。但想象力却是更高层次的能力，它是一个人思维能力的一部分，只有对已经储存过的信息和知识的本质属性有很好的认识和理解，才可能产生真正意义上的想象力和创造力。人的思维里有抽象思维、形象思维、灵感思维，想象力是人的思维里最具创造力的一部分，它综合了抽象思维、灵感思维和形象思维。学术的想象力、科学的想象力和文学的想象力，就来自这种创造性思维能力的培养中。因此，当学生答出"春天"这个答案的时候，显然，他对事物的理解已经不是简单地停留在记忆层面，而是有了对知识的消化，他已经建立起了联系实际但又能超越于常识的认知图式。冰雪融化了会变成水，这是一个直接的结果，但冰雪融化后，天气暖和了，春天来了，万物复苏，大地变得五彩缤纷，百鸟争鸣，生机勃勃。可以想象，当一个学生填写"春天"这个答案时，他不但内心产生了诗情画意，还产生了联系和想象，把现象和本质联系起来，也处理好了知识记忆与理解力、判断力的关系……因此，语文教学也好，其他课程教学也好，一定要调动学生的感觉，激活他们的感受感知力，然后加强学生的记忆力，让他们多储存一些信息和知识，而最终则是要激发学生的抽象思维能力、形象思维能力和灵感思维能力，从而达到培养想象力和融会贯通、举一反三的能力的目的，即培养学生综合性的学习能力。

那么，对学生来说，学语文到底学什么呢？无疑要学知识，语文的知识包括字、词、句、篇、修辞等方面的文字知识和语用知识，也包括语文课里的作家、出版、年代、历史和文化等文本的背景信息，还包括阅读和分析一篇作品的基本方法以及概括总结所学知识与信息的技巧，等等。但仅仅记忆这些知识是不够的，还要有对这些所记忆知识的理解和运用，尤其要在理解的基础之上，对这些知识进行化用、活用和巧用。达不到这些目标，不说培养文学家和学术人才，就连基本的写作都无法做好。这也是有的学生记了很多知识，背了很多诗文，却怎么也提高不了作文水平的一个主要原因。

因此，对语文学习来说，最重要的不是习得知识，而是培养感受力、理解力和想象力，由此才能培养语言文字的创造力。

不可忽视家庭语文

2022 版《义务教育语文课程标准》前言里的开头两句话就说："语言文字是人类最重要的交际工具和信息载体，是人类文化的重要组成部分。语言文字的运用，包括生活、工作和学习中的听说读写活动及文学活动，存在于人类社会各个领域。"这就意味着语文不仅仅是学校里的语言文字学习和运用，还包括社会、生活和工作中的语言文字学习和运用。在一篇文章里我就说到过，通常我们所说的语文，大家都觉得就只是学校里的语文课和语文教与学活动。其实，语文包括三个方面：学校里的语文、社会上的语文和家庭语文。

学校里的语文，自然就是以语文课为核心，包括语文教学、语文考试与学校里的阅读指导、校园读写活动，等等。学校语文要抓好，主要靠学校的阅读环境建设、课程建设和语文教师的读写素养。尤其是语文教师的课堂教学要有效果，能够吸引学生，激发学生的语文学习兴趣，并能按照课程的要求达到读写能力培养的目标。而社会上的语文，通俗来说，就是社会的语言文字环境，包括社会交往的语言、公共场所的文字、公共文化空间的阅读条件与氛围，还有各种公共场所的文字符号。当然，社会上的商业广告和政治标语对人的影响最大，市民、村民们的俚语、俗语和其他交流的语言对儿童的影响也不可忽视。社会语言文字环境不好，人的文明度就不会高，语言文字的文明检验社会的文明，当然也检验人的文明。

　　那么，家庭语文又是什么呢？家庭语文，其实就是家庭阅读环境和阅读活动以及其他语言文字的交流活动。如果一个家庭，大人说话很粗俗，在孩子面前满口脏话、粗话，孩子的语言也不会太文明，甚至可能很粗鲁。如果一个家庭，非常富有，但除了豪华的家具和电器，没有一本像样的书，甚至连个书架都没有，那这样的家庭里成长的孩子会缺失书香的浸润，自然也难以养成读书的习惯，至于写作的能力，更是很难提高。不少家长在吃穿住行方面很舍得花钱，但买一本20元、30元的童书却嫌贵，这是观念的问题，把书和一般商品比较自然是不对的。或者说，这些家长没有认识到家庭阅读的重要性，他们总觉得只要到学校上好语文课、语文考试能及格就行了。还有些家长愿意花钱送孩子进各种培训班，却不愿意买一些好书和孩子一起分享。所以，我在出去做讲座时经常会给家长们讲一讲家庭阅读环境的打造，希望唤醒家长的阅读意识，提高他们对语文的认识。我也写了好几本指导家庭阅读的书，如《享受亲子阅读的快乐》《让书香润泽童心：6—12岁孩子爱上阅读全攻略》和《爸爸妈妈，我该看什么书》（两册），就是指导亲子阅读和小学生阅读的书。它们主要是给家长写的，因为很多家长出于各种原因，不太认识读书的重要性，不太善于给孩子读书，也不会选书。当然，社会其他方面的阅读指导也很欠缺。那么该怎么办呢？所以我就试图从比较专业的角度给予家长一些指导，提供一些方法。现在看来很有必要。有人问我："谭老师，你大女儿为何考上了北大？有什么家教秘诀吗？"我笑了笑说："我没有买学区房，大女儿高中阶段是走读，每天往返要两个多小时。我也没花钱给孩子报什么课外班，但家里有几万册好书，孩子从小爱读书，而且很早就培养出了读写能力，对学习很有兴趣。"我并不是在炫耀，而是说的实话。

我家里有很多适合孩子读的童书，包括文史哲经典之作，这些书有不少是孩子特别爱读的，这些书摆在书架上，孩子一旦有了空闲时间就会去翻阅，而不用父母去督促。我家里没有电视机，也没有给孩子上网和玩手机的机会，加上我和孩子的妈妈都爱读书，孩子自然就会爱上阅读。

家庭里的读书环境很重要，父母的语言素养和语言文明也很重要。如果家长喜欢八卦，喜欢说长道短，喜欢说脏话粗话，孩子的语言文字修养就很难提高，对那些优美的文字也不会特别感兴趣。所以家庭语文包括良好的读书环境，还包括家长的语言文明。家庭语文好，尤其是家里有很多经典作品、优质好书充实孩子的童年，熏染孩子的心灵，那孩子的语言文字底子就不会差，文化素养就不会低，学校里的语文学习也会顺利很多，甚至语文成绩会非常优秀。

不要被动学语文

学习语文不可被动，而应该主动。被动学语文一般是这样的：背诵课文很认真，但没有理解；抄写字词很认真，但不去应用；摘录名言很多，但不去思考；照搬课文，却不批评和反思。

尤其是小学，现在普遍提倡记忆和背诵，大部分老师的初衷是为了让学生打牢基础，但也有少数家长甚至老师认为只要记忆，就可以解决学习上遇到的问题，甚至难题。小学语文的难度不是很大，课文基本都是短文章，古诗大多是四行的绝句，课文的知识点也是有限的，对那些经常进行课外阅读，尤其是家庭阅读环境比较好的学生来说，因为阅读能力比较强，对课文的学习就显得驾轻就熟。但对那些课外阅读几乎为零的学生来说，课文的学习和理解就非常重要了，而且课文的记忆和背诵都不是一件容易的事。这部分学生，一是缺乏阅读理解力，二是也没有阅读习惯，主动学习的积极性不够，因此，在语文课的学习中表现就不会特别好。怎么办？肯定是要加强课外阅读，同时，课堂学习要跟着老师的节奏去学习，去领会，然后，课外要抓紧把作业写好。小学的作业，大部分是抄抄写写，有时还会布置学生背诵课文。这种抄抄写写对那些课外阅读几乎为零的学生来说是很有必要的。那些课外阅读几乎为零的学生，一般家庭阅读环境差，父母要么没有能力给孩子做亲子阅读，要么是对孩子的成长并不关心，只本能地给孩子吃饱穿暖。这部分学生，如果语文课后老师不给他记忆和背诵的压力，课后学生一般不会再看书，更不会主动去训练读写。

叶圣陶在一篇文章里这么说过："在中小学语文教学中，基础知识和基本训练都重要，我看更要看重训练。什么叫训练呢？就是要使学生学的东西变成他们自己的东西。譬如学一个字，要他们认得，不忘记，用得适当，就要训练。"这几句话有几层意思：一是基础知识和基础训练都重要，基础知识无疑是老师教的知识点，包括字、词、句的知识。训练是这些知识的应用，不应用，基础知识是学不透的，而且也会变成死记硬背的"死知识"。二是训练更重要，训练就是要应用，而应用就要把所学的字、词、句的知识放到阅读和写作训练里去，不然，课堂所学的知识就不可能变成学生自己的东西。的确，无论是现代文、现代诗，还是古诗词，仅靠背诵和记忆，而不会应用，那背诵和记忆也不牢固。但语文课毕竟只是一门课，它的课时有限，而且学校里的课程学习不止一两门，因此，基本训练除了靠老师布置作业外，还要靠学生课外主动学习。

主动的语文学习，具体来说表现为三个方面：一是课外多阅读，读经典，读好书，还要读一些与语文联系紧密的课本作家的作品。读得多了，理解力会逐渐提高，对语文课的理解也会深一些，尤其是会产生对比性的思考。二是由课内到课外，会自然延伸自己的阅读视野。有些学生在语文课之后会找书读，甚至去找相关的书读。而且在课外阅读时，会自觉与课内理解了的知识联系起来。三是课外作业时，会思考一些问题，会主动问自己几个为什么。包括做练习题时，会问为什么要这么考？为什么要这么答题？

学会主动学语文，而不是被动地去记忆和背诵，需要家长和老师启发，也需要学生在学习过程中感悟、理解，并学会总结经验，提炼方法。

只读课本是不够的

遇到一些家长，他们会问我一些问题，比如："孩子怎样才能学好语文？"这个问题乍一听挺大的，好像不太好回答，但我也可以简单地说一说我的看法。

日常生活中，有些孩子很乖，在学校很听老师的话，上课认真听讲；在家很听家长的话，该完成的作业都会按时完成。但一考试，成绩总是平平，而且作文也写得不太出彩。和家长多聊几句，了解了更多的信息，就知道，原来孩子只认真学习了语文课本和认真做了老师布置的作业，但课外书读得少，家里也缺乏可以读的书和报刊。

要学好语文，只读课本肯定不够。其实，语文课本上面的课文及练习，只是最基本的文字训练。课文主要是给老师讲课用的，课后的练习也是给老师布置作业准备的，因此，真正适合孩子自主学习的内容几乎是没有的。虽然，语文老师也要求学生提前预习课文，学完课文还要求学生温习课文。但课文的确是给老师讲课准备的，或者顶多可以说，课文是给老师讲课、学生听课用的材料。明白这一点非常重要，因为明白这一点，就知道语文课本对老师来说只是一个教学的抓手，对学生来说也只是一个了解基本知识的蓝本。要真正学好语文，还要接触更多的文字，要读更多精美的文章，当然，这些文章有的可以与课文有关，比如读课文作者写过的其他作品，或者与课文题材或主题相同的文章。还要读一些与课文关系不大，但确实可以提高阅读能力的文章和书籍。

按我的理解，学习语文课文有三个主要目标：一是增加识字量和词汇。这也是老师讲课文时，要学生词，还要解词造句的原因。二是通过课文理解结构，懂得谋篇布局，形成对课文的整体认识。三是学习课文里的内容，领悟课文里所蕴含的文化和思想，达到教书育人的目的。语文老师讲课时虽然还有其他方面的考虑，但主要是按照这三个目标去教学的。因此，课文对学生来说就像一个窗口，或者说，它更像一扇门。老师讲课文，好比带着学生一起开了一扇门窗，然后，学生可以通过它了解更多的信息，懂得文字世界还有更多、更丰富的东西值得去探索。语文课文包括儿歌、短诗、童话、散文、寓言、民间故事、神话、小说和古诗词等，这些不同的文体，就是前人文字创造的花样。学课文要懂得这一点，然后去找更多、更精美的儿歌、短诗、童话、散文、寓言、民间故事、神话、儿童小说、古诗词等去阅读，读得多了，就更理解这些文学样式的特点，就能领悟更多文字的奥妙。

如果说语文课主要是老师教学生，那么课外阅读就是学生自己教自己。因此，从课内到课外，对孩子来说，是一个角色的变化——由被动的接受者到主动的学习者。对语文学习来说，如果只读课本，没有课外阅读，孩子就不可能变成主动的学习者。因此，家庭阅读环境很重要，家长要多给孩子买一些书，买一些适合他们读的诗、散文、童话、寓言、民间故事、神话、小说和古诗词的选本或作品集。

语文学习，要有基本观念，也要有切实的实践行动。要引导孩子推开语文课的门窗，走进更丰富多彩的文字世界里。

字典是好帮手

在朋友圈里看到有人推荐著名企业家曹德旺的自传《心若菩提》，于是好奇地读了。这本书里讲曹德旺小时候家里非常贫困，他早早就离开了学校。曹德旺小时候爱读书，虽然无法上学了，但放牛捡柴时，都会带着哥哥读过的书自学。看不懂的字就问哥哥。哥哥不在身边时，就用《新华字典》和《辞海》查找。靠着字典，14 岁就辍学的曹德旺读了不少书。这不但养成了他敢于探求的坚毅性格，也为他以后成为企业家打下了文化基础。

由曹德旺的故事，我想到了自己小时候，《新华字典》也给了我温馨的记忆。我出身于教师家庭，家里虽然清贫，但小时候能读到各种好书，包括世界文学经典。读书时，我也遇到了一个很大的困境——那就是对好书的如饥似渴与识字量不够的矛盾。记得小学二年级时，我就特别爱读课外书，尤其像《三国演义》和《水浒传》这样的大部头著作，但是里面有很多字不认识，影响了理解。怎么办？比我大一岁的表哥来我家时，我就会问他，但更多的时候我不知道该找谁去请教，因为周围没有一个孩子认字比我多。于是，我特别渴望拥有一本《新华字典》。记不清当时一本字典要花多少钱了，但为了买一本《新华字典》，我渴望过父母多给我一些压岁钱，也希望能够通过勤工俭学来挣点儿钱。但对一个孩子来说，要挣到钱是很难的。很幸运的是，一次学区里举行作文比赛，学校推选我参加，我得了第一名，于是拿到了一个我特别渴望的奖品——一本《新华字典》。有了这本字典，课外阅读我再也不怕了，遇到不认识的字，我就可以查字典。有了这本字典，我的语文越学越好。每当读小说、读报刊遇到生字生词时，我就拿起《新华字典》来查，于是，一个个生字，我不但知道了它们的读音，还懂了这些字的意义。更有吸引力的是，《新华字典》的释义里还有解释性的短语和例句，让我也学会了不少语言知识和其他百科知识。当然，在查阅《新华字典》时，我也记住了各种部首、偏旁，初步理解了汉字的组字、构词规律。而这一点，又让我在写字时掌握了正确的笔顺。可以说，拥有一本《新华字典》并充分利用它，对语文学习是有莫大的帮助的。曹德旺少年时就会充分利用《新华字典》和《辞海》，这让没有上过大学的他有了更开阔的知识面，也有了更高的语言智慧，所以后来他成了著名企业家，也懂得了科技创新、产业创新的重要性。我通过一些视频观看过曹德旺接受记者采访时的发言，他的语言表达逻辑性强，而且观点表述很明确，和一般企业家相比，他的语言文字功底明显更强，令人佩服，可见《新华字典》的故事不是杜撰出来的。

现在，好多孩子学语文时只按照家长和老师说的，天天去死记硬背，却不会利用《新华字典》这样的工具书。其实，在语言文字的启蒙期，一本字典的作用是众多书籍都难以相比的。我个人觉得，学生要学好语文，不但要多查《新华字典》，还要多查《汉语成语词典》和《现代汉语词典》，当然，最好是家里有《辞海》。有了这些工具书，并且经常查阅，对提高阅读和写作能力都是大有裨益的。

与课本相熟

开学了，报到的第一天就可以拿到课本。在所有课本里，语文课本是最吸引人的，不但因为插图多，总体装帧更美观一些，还因为语文课文里有不少故事，有不少小诗，读起来比较有趣，也容易接受一些，不需要刻意去学习。

其实，开学时把语文课本从头到尾认真翻阅一遍，是一件很值得做的事，而且对一个学期的语文课都有帮助。在语文老师还没讲课文之前，就把里面的童话和故事等读一遍，等于预习了课文。而且课文里的小诗，读一遍，会很自然地提高自己的语感。当然，最主要的是，先翻阅一遍课文，会让自己从整体上熟悉课本，并大体知道哪些课文很有趣，哪些课文读不太懂，哪些课文里生词多，哪些课文的写法很特别，哪些课文里有一些读起来很精彩的句子……这是一种既特殊，又给人感性印象的阅读体验，能建立自己与课文的亲密度。

小时候，每次开学领到课本，我也是第一时间就会翻阅语文课文，而且对里面有吸引力的课文，特别是有故事的课文，会反复读，以至于当语文老师讲课文的时候，我差不多都能复述或背诵出来。这种提前自学也让我有了自信心，因为我早就熟悉课文了，所以听起讲来就不会觉得陌生，理解起来也不会觉得很难。当然，老师在课堂上提问时，我一般都能第一时间举手回答。这样，在语文课堂上受到表扬的机会就多。

提前与课文相熟，看似是很多孩子不经意的举动，却蕴含着自我教育的力量。语文课本的学习，本来就不只是老师讲解课文，学生规规矩矩地坐着听课，还有学生自主学习的要求。有些孩子之所以很难培养对语文的兴趣，很大程度上是缺乏这样提前读课文的体验。

新的统编小学语文教材都是按照单元编排课文的，每一个单元都会围绕一个主题，选择不同文体的作品来编排课文。有的单元全是故事，有的单元都是散文，但大部分单元是由同一个主题、不同文体的课文组成的。如二年级上册的第一单元里包括了《小蝌蚪找妈妈》《我是什么》和《植物妈妈有办法》三篇课文。第一篇课文是一个科学知识童话，有些学生在幼儿园时就听妈妈讲过。第二篇课文是一个科普童话，用的是第一人称"我"来讲故事，让读者猜猜"我"是谁。第三篇课文是一首科学诗。这三篇课文各有特点，但主题都是"科学知识的学习"，选编者意图让学生读后，唤醒对大自然的好奇，产生对科学世界的探索之心。这样的课文，如果先读一读，就会有很直接的感触和印象，对课文的兴趣也会增加。三年级上册的第一单元包括《大青树下的小学》《花的学校》和《不懂就要问》三篇课文，第一次读的时候就会发现，第一篇课文描绘的是云南边疆小学的风貌，第二篇课文描绘的"学校"却不是我们人类上学读书的"学校"——而是大自然里花的学校。这第二篇课文的写法和前一篇完全不一样，第一篇是写实，第二篇是幻想；第一篇给人真，第二篇给人美；第一篇情感表达直白，第二篇情感表达含蓄。如果读出这样的感受，对课文的学习就大有帮助了。当然，读到第三篇课文《不懂就要问》后，如果发现它和前面两篇课文相比，无论从文体上还是主题上，都没什么关联……那就说明提前读课文有了很大收获。

　　因此，开学时趁课业负担不太重，老师也没布置太多作业，从头到尾翻阅一下课本，增加对课文的熟悉度，粗略感受一下新课文的内容和特点，是非常有意义的。

语文学习的问题

和西安高新区第三小学的语文名师黄红老师聊语文，我向她请教了一个问题："你觉得学习语文，一般学生面临的最基本问题是哪几个？"她很快就回复道："一是对语文没兴趣；二是阅读量不够；三是对生活不够敏感，没有深入体验；四是害怕写作。"黄老师列出的这四点的确是很普遍的问题，很多学生在语文学习的过程中都会遇到这样的问题，并因此陷入学习的困境。

对语文没兴趣，是不少学生都存在的问题，这个问题在农村学校的学生中更是普遍。有些家长和老师认为孩子不喜欢语文或数学是属于偏科，甚至认为孩子不是学文科或学理科的料。有的家长动不动就说自己的孩子没有文科天赋。其实，语文学习主要是读和写，爱读爱写和家庭有很大关系，如果家里有好书，有孩子喜欢读的书，孩子在入学前体验到了阅读的乐趣，尤其是有多种阅读体验，那么，到了小学和中学，面对语文课文，就不会觉得没兴趣。阅读的兴趣，是在日常生活中培养起来的，不能仅靠语文课来培养。当然，语文教师和蔼可亲，善于鼓励学生，善于调动学生语文学习的积极性，也会带动一些没有养成课外阅读习惯的学生爱上语文，对语文课有兴趣。

阅读量不够也是语文学习一个不可忽视的问题。语文学习的主要任务和目标就是阅读和写作，阅读量不够，当然是任务没完成，而且也难以达到阅读理解能力提高的目标。学好语文，如果仅靠课本里有限的课文，肯定是不够的。原因有二：第一，无法巩固在课堂上学习到的字、词、句式、修辞，以及语文课文里的知识和信息；第二，仅靠学习课文也很难真正理解课文，只有在学习课文后，有课外延伸阅读，才能对已学过的知识举一反三和融会贯通。课内阅读和课外阅读联通起来，才能扩大视野，增强理解力，从而形成对文字世界的深刻认识。因为读得越多，就越能感受到语言的智慧、语言的力量——而这些也正是语言的奇妙之处。根据我读书的经验，小时候缺乏课外阅读的孩子，一般语文学习都不太好，顶多能跟上授课进度，却难以变成优秀的学生。而且读得很少，作文也难以提高，甚至根本就不会作文。

对生活不够敏感，缺乏深入的体验，也是一些学生普遍存在的问题。对生活不够敏感的人往往是感觉器官不灵敏，不能在阅读和学习中实现自我激发。这与缺乏思考有关。有些学生读书、学习，不太动脑筋，不会联系实际，不会结合生活，显得很死板，学习效果当然就很差。语文学习是很重体验的，读课文也好，读课外的书籍和作品也好，往往都要体验作者的情感，感受作者对生活的观察、反映与提炼。特别是读诗歌作品，无论是古诗词还是现代诗，都是用精练的语言来描绘生活，用美而灵动的意象来抒发情感，用深邃的意境来把读者引入艺术的空间，让读者去感受，去理解，去思索。因此读诗是很容易训练人的感觉的，尤其培养学生对语言的敏感性。我曾在几篇短文里谈过读诗的好处，也特别强调读诗尤其有助于培养人的语言敏感性，即能够用恰当的词语和句子来表达自己对美的发现，对生活的理解，对人的爱。对生活不够敏感，缺乏深入的体验，表面看是缺乏第一手的生活经验，深层次看则是缺乏真正意义上的阅读——深入的阅读，沉静的思考。

　　害怕写作也是很多学生的通病。不过，害怕写作不能简单怪学生自己不爱写。我简单概括了一下，让学生害怕写作，主要原因有三个：一是很多人有意渲染写作的神秘性，认为写作是要有文学天赋的，没有文学天赋的人写不好。但他们不知道，写作和做菜烧饭是一样的，只要勤练习，就可以做好。当然，要成为一位杰出的作家，需要不断学习和练笔。二是小学语文老师教作文的方法不当，比如，三年级开始作文时，老师讲作文的方法不当，且布置的难度太高，以至于吓住了学生，让学生刚一学作文就产生了畏难情绪。三是家长喜欢批评孩子，在家里没督促和鼓励孩子练习作文。写作能力的提高，不能仅靠完成语文老师布置的写作作业，还要靠家长利用节假日多鼓励孩子写作。我给不少孩子讲过作文课，一些平时根本不会作文的孩子，听了我的作文课不仅会作文了，而且还能写出达到发表水平的作文。和他们交流之后，我知道了他们原来是被老师提的要求吓住了；另外，他们的语文老师批改作文时，大都非常严厉，写得很有趣的作文也会挑出不少毛病。因此，老师批改作业，不可过分地用一支红笔否定学生的优点，平时指导学生时也不要过分严厉，尤其不能苛刻。

　　黄红老师还说："学语文，家庭教育更重要。"这句话听起来好像是在推卸责任，但细想一下却是有依据和道理的。家庭学习环境好，爱读书的习惯一旦养成，语文学习和各科学习都不会太差，这样的学生，老师教起来就容易得多。

再说语文学习的问题

和大女儿聊天时问过她："你在小学时学习语文遇到过哪些问题？"她没有立即回答，不过开学后，她通过微信告诉了我。她说，小学生语文学习一般会遇到以下三个方面的问题：

一是基础知识不牢。比如，拼音、写字、语法等问题。小学一、二年级都要学习拼音和写字，另外，在造句时会遇到语法不对的问题。这些都是语文老师在课堂上或布置和批改作业时经常强调的问题。如果没有掌握好拼音，有可能是上课不认真听讲，老师讲的拼音没有学，没有记。另外，课堂上的生字和生词，老师都会重点写板书，甚至举例来强调和解释，让学生加深理解，方便记忆。如果学生还是老出错，还有可能是没有认真完成作业，应该多抄写老师布置的作业，把练习做好。有些学生写字不认真，这也会影响语文学习。作业和平时的习作都要认真写字，不写错字，不把字写得东倒西歪，因为那样就很难改善自己的语文学习了。不过，对老师来说，在小学低年级专门讲语法是没有必要的，因为学生如果做作业时认真抄写字词句，就很容易理解语法，甚至可以无师自通。而那些作业不认真抄写，不注意词句规范的学生，就很难建立语言规范，因语法不对而出错的问题就会多。

二是阅读的问题。按照大女儿的看法，这方面最主要的问题是，有些学生在做阅读题时速度很慢，看不懂文章的内容，体验不了文章的情感。这些学生也认识所有的字，识字量也不低，可是为什么看不懂文章的内容、体验不了文章的情感呢？主要是理解力不够。要知道，识字量和理解力是两回事，千万不要以为认识很多字就能读懂长文章，事实不是如此。那些做阅读题总出错的学生，有很多都是平时读得太少，虽然课文也认真读了，老师布置的字词也抄写背诵了，但缺乏课外阅读，阅读量太少，因此无法理解整篇文章的内容和其中蕴含的情感，所以做题时就写不出准确的答案。要解决阅读速度慢和理解出错的问题，学生课外就要多读些书，提高了理解力，阅读速度自然就会上来，考试时也就不会总觉得试卷内容太多了。

三是作文时语言贫乏、内容单薄。有些学生无论什么作文，总写不长。一下笔总是那几句话，干巴巴的，挤也挤不出来多少。像这样的情况，一个原因是平时写得少，没有足够的练笔是很难掌握作文的基本技能的。因此，每次老师布置的作文，都应该认真完成，要写够字数，也要写出层次，基本结构不能缺，这样练习，才会渐渐进步。作文语言贫乏的另一个原因是写作文时没有调动想象，没有调动自己的生活经验，也不能把掌握的词语和句子用到习作中去。如果写作文时能充分调动想象，产生联想，把所见、所闻、所感都写出来，那么，写几百字的作文就不是个问题。

这些问题直接影响小学生的顺利升学和以后的成长。小学语文是各科的基础，而阅读和作文是语文的两扇翅膀，如果不能一起扇起来，将来语文怎么能飞得更远更高？

语文学习三步

很多孩子觉得语文学习很难，家长也觉得语文很难辅导。有些语文教师也一时找不到语文学习的最佳方案，因此，在教学时也只能按照常规的做法去讲课文，去布置作业，去进行测试。其实，虽然语文看起来很难，不像数学课那样有很明显的难度顺序跟学习的规则，但也有一些基本的章法和步骤。

我觉得语文学习大致有三步：一是阅读，二是思考，三是训练（练习和写作）。

阅读包括课内阅读和课外阅读，既要读懂课文，还要多读课外书和一些合适的报刊，读多了，有一定的阅读量，才会积累起足够的识字量和词汇量，才能建立起对一些作品的基本认识，包括对儿歌、散文、小说、故事、寓言、童话和诗词、古文等的基本认识，才能培养起对一些美的语言的感受和感应，才能在心中树立起对优美、有趣的文字世界的认识和判断。因此，阅读是一个基础——既是语文学习的基础，也是所有课程和专业学习的基础。没有阅读，其他的学习都谈不上。叶圣陶就认为语文的主要目标和任务是阅读和写作，而且他认为课内阅读是为课外阅读打基础的，语文课要培养学生课外阅读的兴趣和能力。

思考是语文学习的第二步，读了课文，读了课外书，读了一些报纸和刊物上的作品，有一些语言积累了，也有一些体验和认识了，就要有思考。所谓思考，包括两个方面：一是概括和总结，就是在阅读过课文和其他作品之后，对所学习的知识内容进行概括和总结。如，读了一些诗之后，可以概括一下对诗的认识，总结出诗的一些特点。读了一些童话之后，可以概括出童话的基本特点，总结出读童话的经验，提炼一些独特的美的感受和认识。读了一些古文后，可以概括出古文的语法，找到句式规律，总结古文的词句和篇章的特点。二是提炼和抽象，就是在概括和总结的基础上，对所读的材料和作品进行提炼和抽象，从而形成自己的判断和见解。概括和总结是对所读内容的有序整理，而提炼和抽象是在理解所读内容的基础上，形成自己的看法和观点以及引发的思考。提炼出来的东西，一般是所读内容里蕴含的核心的情感和思想，抽象出来的则是自己更高的认识和思考，是受到启示、启发之后形成的思想，包括创意的思维。

语文学习从阅读到思考，就是从基础阶段到了提高阶段，相当于迈开大步爬到了一个高处。但到了思考这一步还不够，因为还要把阅读和思考获得的知识和思想化为己有，所以还要到第三步：训练，也就是练习和写作。特别是要去写。不断地写，就很容易把阅读和思考所获得的语言知识、文体知识、审美思考转化为自己的语言来表达。读了多本好书，读了多篇优秀作品，如果不去动笔写一些感受，写一些想法，就很难把认识到的、思考过的东西积淀下来，形成有逻辑、有层次的文字。训练，尤其是写作训练，不但是语言表达的训练，还是思想表达的训练，更是有逻辑、有层次地表达的训练。一个人的思考是有层次的，通过写作训练，才能把不同层次的思想表达出来，并使自己的思想越来越深邃，使自己的境界越来越高。

有的学生喜爱阅读，读了不少书，上语文课也很认真，却学不好语文，作文水平也难以提高，一个重要的原因就是，虽然读了很多书却很少思考，没有去概括和总结，也没有提炼认识抽象出道理，加上缺乏训练，很少动笔去写，于是，语文学习只到了第一步或第二步就停下了，没有到第三步。一句话，要学好语文，阅读、思考和训练，一步都不能少，而且每一步都要走得扎实和稳健。

第二辑

课文怎么学

文体知识很重要

应漓江出版社之约，我要选编一本儿童散文诗选。于是，我向一些儿童文学作家和爱写作的语文老师约稿。但令我惊讶的是，有好些作家竟然不知道散文诗是什么，有好些语文老师也不知道散文诗是什么，他们有的发来几首儿童诗，有的认为是散文，甚至还有人发来了几首儿歌。

可见他们没有读过散文诗，或者他们其实是学过散文诗的，但是在学习散文诗时，老师并没有告诉他们这是"散文诗"。为什么会连散文诗是什么都不知道呢？这让我有些不理解。大学学过的《中国现代文学史》里就有介绍鲁迅的《野草》——我国现代文学里第一部散文诗集。按说老师肯定讲过，而且也会提到"散文诗"这个概念。另外，小学和中学语文教材里也有一些散文诗，比如统编语文教材二年级上册张秋生的《妈妈睡了》和四年级上册吴然的《走月亮》就是散文诗，难道语文老师讲这些课文时也不介绍一下文体知识吗？我小的时候就读过泰戈尔的散文诗集《园丁集》《飞鸟集》和《新月集》，读过纪伯伦的散文诗《泪与笑》，还读过郭风、柯蓝和耿林莽等人的散文诗，大学时还很喜欢读《散文诗》杂志。郭风的《叶笛》是散文诗中的经典，很多人都读过，被收入了多种诗选和大学教材。

但为什么会有这么多人不熟悉散文诗呢？我觉得原因大体上来说有三个：一是小学语文课忽视了对文体知识的介绍，在讲授语文课文时，老师没有把诗当诗讲，也没有把童话当童话讲，也就是说，语文课文有的是儿歌、儿童诗和儿童散文，还有的是童话、神话和儿童小说，但在进行课文讲解时，老师却忽视了它们的文体特点。因此，学生在初次接触这些课文时，就没有建立起文体认知。加上到了中学，老师也很少讲文体知识。二是大学中文系的课程里也缺乏对文体知识的讲授，尤其缺乏对具体作品的分析，所以中文专业的学生也不了解文体特点就不奇怪了。三是小学和中学的作文，通常写的都是记叙文、议论文和说明文，这些不是文学文体。所以从语文学习到作文训练，都缺乏文体知识的学习和文体创造的训练。正是因为这三个原因，不少人即便读了大学，甚至毕业于中文专业，也不太懂文体知识，不知道散文诗是什么就不足为怪了。

文学的主要文体是诗歌、散文、小说和戏剧。散文诗是介于散文和诗之间的一种文体，它不像现代诗那样去分行，文字排列如散文一样，但它很抒情，也像现代诗一样注重诗的音乐性。也就是说散文诗本质上是诗，但形式上像散文。散文是讲述真实生活、表达真切体验的，不可以想象和虚构。但散文诗可以想象和虚构，还可以直接抒情。

在文学家园里，有很多介于两种文体之间的小文体，比如童话诗就是介于童话和诗之间的文体，如普希金写的童话诗《渔夫和金鱼的故事》。还有郭风写的散文诗，都是童话色彩很浓的短章。散文化小说，就是介于散文与小说之间的作品，如沈从文的《边城》。不过，因为有很多人创作散文诗，而且它也形成了比较鲜明的文体特点，因此它现在已经算是一种比较常见的文体了。平时，我们在课外阅读时，要注意作品的文体特点。比如，读小说时，要注意它是怎么讲故事的，它的叙述、情节如何，它的人物形象塑造得怎样；读诗时，要注意它的意象有哪些，哪个意象最美，诗里营造了什么意境，等等。这样，就很容易培养对文体的一些认识，这有助于提高语文能力，对阅读和写作，都是非常有益的。

了解课文作家

　　小学语文课本里，大部分是文学作品，其中儿童文学作品最多。而且小学和中学语文课本都是按照单元来编排设计的，每个单元一般都围绕一个主题，或者都属于一种文体或一个题材类型。但一个单元里通常有四五篇课文，涉及四五位作家。

　　以统编小学语文教材四年级下册为例，出现在第一单元里的作家就有：宋代诗人范成大、杨万里和辛弃疾，现代作家茅盾，当代作家陈醉云和刘湛秋，还有领袖毛泽东。不过，毛泽东的诗词《卜算子·咏梅》是放在这一单元的"语文园地"里，作为积累性阅读材料的。这一单元一共出现了七位作家，我们在学习第一单元的时候就可以思考这四个问题：第一，前面的课文里，是否有这七位的作品？第二，为什么编教材的人会把这七位的作品编在一起？第三，这七篇作品，哪一篇最美？美在何处？第四，哪一篇作品比较容易模仿？思考了这些问题，再说一说，动动笔，就会有不一样的收获。

　　当然，在学习第一单元时能提出以上四个问题，并能表达自己的想法和观点，无疑是批判性阅读。这也是学语文时应有的态度，即不但要尽可能熟悉课文和课文作家，还要能形成自己的思考和判断。

　　第三单元里选入了冰心的《繁星》短诗三首，还有艾青的诗《绿》，俄罗斯诗人叶赛宁的诗《白桦》和戴望舒的诗《在天晴了的时候》。这个单元可以说是一个诗歌单元，冰心和戴望舒都是五四诗人，而艾青是比冰心和戴望舒晚一辈的诗人，但他是我国现代诗人，他们三位在新诗界的影响很大。冰心的《繁星》《春水》开创了五四时期的"小诗派"，戴望舒的诗是五四时期最具抒情气息的，而艾青的诗不但具有象征色彩，还把诗与画有机结合，形成了独特的抒情风格。对这些诗人的诗，不但要有拓展阅读，还要对他们的创作成就有一定的了解，不然，单纯读他们的一首诗是很难真正理解诗的内涵的。而且单纯讲诗，语文老师也不一定能讲好，即便讲好了，学生也不一定能听得懂，听得有兴趣。因此，从这一单元来看，不但要熟悉新诗，还要熟悉诗人，把课文学习与课外拓展紧密结合，不然，很容易一知半解或不求甚解。

第四单元里的几篇课文都是写动物的散文。第一篇是老舍的《猫》，第二篇是老舍的《母鸡》，第三篇是丰子恺的《白鹅》，显然编教材的人很偏爱老舍，一个单元就选了两篇，其实完全可以换一位作家的作品。不过，老舍的这两篇和丰子恺的《白鹅》都很生活化，和我们日常的生活结合得很紧密，因此读起来亲切，理解起来也比较容易。不过，这个单元的"语文园地"里选了一首唐代罗隐的诗《蜂》，给人有点儿怪怪的感觉，因为"蜂"毕竟是昆虫类，和猫、母鸡、白鹅这些和人类生活在一起的动物有很大区别。"蜂"是自然、原野里的昆虫。但无论单元内容安排如何，要熟悉这些诗文的作者，至少要怀着好奇的心去打探一下，追究一下，这样也有助于基础的夯实。

语文学习和数学学习有不一样的特点。数学知识的巩固，一个很见效的手段就是做习题，通过习题理解公式原理。而语文学习，则要把每个单元里的课文的相关信息联系起来，构成一个关联网络。学好课文，不但要了解课文作家，了解课文的背景，也要了解与课文相关的文体知识。

寓言课文怎么学

　　小学语文课本里有一些课文是寓言。如，统编小学语文教材一年级上册里的《乌鸦喝水》（伊索寓言），二年级上册里的《坐井观天》和《狐假虎威》（成语寓言），二年级下册里的《亡羊补牢》和《揠苗助长》（古代寓言）以及《小马过河》（现代寓言）等。对寓言课文的学习要注意下面几个方面：一是要了解寓言是什么，要分清楚寓言和童话有什么不同；二是要多读一些寓言，以便增强对寓言的理解；三是课文里的寓言不少也是成语故事，那么，是否可以读一些成语故事呢？

　　我曾到一所小学听课，正好那一次语文老师讲《坐井观天》。这篇课文既是寓言，又是成语故事，同时也可以说是童话。说它是寓言和成语故事，大家都能理解，因为这个故事和《井底之蛙》是同一个故事。但说它是童话，有些学生就不太理解了，这就需要看看童话是什么。学生想要理解，最好去找两篇童话来读一读。当然，有些学生不会找阅读材料，这就需要家长或者语文老师去找几篇合适的短童话让学生读，比如张秋生、顾鹰这两位童话作家的短童话。读完童话就会发现，《坐井观天》里故事的主人公是青蛙和小鸟，是拟人化的形象。很显然，这就符合童话的特点。不过，这个故事的情节不丰富，只是青蛙和小鸟的对话，因此故事性不强，不算是很好的童话，但可以说是讲道理的童话。

那么，对《坐井观天》这样的寓言课文要怎么学呢？我觉得先要从三个方面开始：一是要知道它是寓言、童话和成语故事的三结合，并通过童话和寓言的对比，初步理解童话和寓言是什么。我国成语故事里有不少都是寓言，小时候我就特别喜欢这一类型的故事，觉得它们比一般的故事有趣，而且简短，也容易读得懂。读得懂，就更愿意去读，因为有阅读的自信了。二是要清楚青蛙和小鸟有什么特点，它们是怎么相遇的，它们之间的对话讲了一个什么道理。三是要学习这个故事里的生字、生词，并找出课文里比较有意思的句子，或者说，相对比较优美的句子。当然，第三点的学习和掌握要结合课文后面的提示和练习。在课堂上，当老师讲课文时，学生要抓住这三点来领悟，这样，即便语文老师的课讲得比较散，学生心里也有数。

不过，我对语文老师和在座的学生们说，对于《坐井观天》这样的课文的学习，除了以上三点，还要做读写结合训练。并不是所有的课文讲解后都可以做读写结合训练，而是要看这篇课文是否值得这样做。寓言故事重点是讲道理，所以故事情节简单，甚至只是对话，只是一个故事的梗概。那么，这样的故事就很适合做改写训练，可以把故事写丰富，比如，多设计故事里角色的动作，增加角色心理活动的描写，甚至可以加一个角色形象。这样一来，寓言故事的童话特点就增强了，趣味性也出来了。理解这类读写结合训练并不难，《龟兔赛跑》这个寓言故事就有不少学生拿来续写、改写，这些续写、改写就是很有意思的读写结合训练。

到小学做语文讲座时，我经常启发语文老师以《坐井观天》这样的课文为例来给学生做仿写训练。比如给学生几个动物形象，让他们选择两个动物，用对比手法写对话，然后再写出一个新的讲道理的寓言。

在此基础上再启发学生增加一个形象，把寓言变成有情节的有趣童话。有的老师按照我说的方法去试了，效果很好。我在给小学生做习作指导时也多次用过这个方法，每次都很成功。这是很值得家长和学生借鉴的学习方法。

神话课文怎么学

　　去一所小学听课，语文老师正好讲的是四年级上册语文教材里的《盘古开天地》。按照老师的教案，她设计的教学目标有三个：一是认识"劈、浊、撑"等7个生字，会写"睁、斧"等17个字，会写课后14个词语。二是能边读边想象画面，说出文中神奇的地方。三是能通过起因、经过、结果三个方面，讲述盘古开天地的过程，交流对课文的感受。

　　读了这篇课文，听了老师的讲课，我觉得这篇课文的教学目标应该是这三个：一是感悟神话，领悟世界的神奇。二是学习篇章，丰富词汇。三是学会叙述，学会表达。为什么我认为应该是这三个目标呢？有三个理由：一是课文是神话，我们要让学生知道什么是神话，神话有什么特点，它和课本里学到的童话有什么区别。尤其是要理解什么是创世神话。不然，读了课文，学了课文，却连课文是什么体裁都不知道，就像我们吃了一个雪梨，却连什么是雪梨都不知道一样。二是这篇课文是神话，也属于故事，那么，我们要知道这个故事是怎么讲出来的，这个故事里有几个形象，有哪些情节，有没有让人觉得有趣或曲折的情节。这样学生才会对故事感兴趣，且能学会怎么讲故事。三是学习这样的神话故事也有基本功夫，就是要学习生字生词并理解里面的新词语。语言文字的表达力是建立在对文字的感受与理解之上的。有了文字感受力和理解力，学完课文后学生才能理解更多的神话故事。

因此，我觉得对于《盘古开天地》这样的神话故事的学习，第一要抓住课文的特点。这也是教学的重点。如果学完了一篇神话，甚至好几篇神话，都不知道神话是什么，从某种程度上来说，那就像盲人摸象一样，只见部分，不知整体。第二要抓住课文的内容。课文里讲了一个什么故事，故事里有什么形象，故事的主角做了什么事，结果如何？这些都抓住了，课文内容的核心就掌握了。其他的目标，如识字，识别所谓"精彩的句子"就不是什么大问题了。

当然，学习《盘古开天地》这样的创世神话时也可以去联系之前学过的神话，比如《羿射九日》和《大禹治水》，还有同一单元的《女娲补天》《精卫填海》等，学生可以在课堂上主动讲一讲这些神话，分享一下它们的特点，谈谈对它们的理解，这样不但可以增加对神话课文的认识，还可以构建一个知识关联网络。所谓"举一反三"和"融会贯通"就是这么练成的。没有一个知识关联网络，是不可能编织出一个有机的知识图谱的，也不可能形成整体感及对差异的认识。

最后，想说说什么是神话。按照比较标准的说法，神话和传说是最古老的叙事文学。《希腊神话》和《山海经》等都是神话，它们讲述了处于创世期的民族和部落的动乱及取得征战胜利的历史，它们借助于神和半神（英雄）的形象，对未来充满了祈愿，因而都是些质朴而富有象征意义的故事。《盘古开天地》《精卫填海》和《女娲补天》都是《山海经》中的神话，它们的作者也不是特定的个人，而是经历了很多代人的传播才得以完成的，因此，它们不但让我们了解远古祖先的状态，也汇集了古人的经验、智慧和幻想。

《盘古开天地》这样选入语文课本的神话故事，在语文学习中有其他体裁作品替代不了的作用和价值。

如何理解课本里的戏剧

　　无论是小学还是中学的语文教材里，大部分课文都是文学作品。因此，想学好语文一定要有两个基本认识：第一，课文是文学作品，那么就要把它们当文学作品读，而且要从文学审美的角度理解它们。第二，课文作品文体不同，学习时要按文体特点和学习规律去学习、去研究，甚至去模仿写作。

　　那么，语文课文里最常见的文学体裁有哪些呢？从小学到中学的语文教材里主要有儿歌、儿童诗（中学教材里主要是新诗）、散文、童话、小说、戏剧和古诗文，还有一些民间文学改编的文学作品，如成语故事、寓言、民间童话和神话。其中，儿歌主要出现在小学一年级课本里，儿童诗、儿童散文和童话主要出现在小学语文课本里。到了初中，课本里还有少量童话，等到初三就开始有了戏剧作品。对儿童诗和童话，小学生比较熟悉；对散文和小说，中学生比较熟悉。但对戏剧作品则都了解得少，因为它在语文教学中似乎不是重点，考试很少考戏剧方面的知识，阅读理解题里也很少会有戏剧作品。

　　是不是戏剧作品就不值得学习呢？还是因为戏剧作品不好出考题，教材才很少选编呢？其实，戏剧作品很少在教材里出现，是有多方面的原因的。其中最主要的原因还是戏剧虽然被归于文学门类，但更多的属于艺术。一般把诗歌、散文、小说和戏剧看作是文学的四种最主要的文体，但戏剧虽然也是讲故事，可它和小说完全不一样。戏剧脚本是讲故事，但这个故事主要不是给人读的，而是要给人表演的。因此，戏剧有四大元素：一是观众，二是故事，三是演员，四是舞台。也就是说，一则戏剧故事写出来，它就注定要给人进行舞台表演。而且戏剧的观众也和电影的观众不一样，电影的观众只是观看，无法与演员互动，但戏剧里的演员表演时，观众和演员之间是可以互动也需要互动的。选进初中、高中语文教材里的戏剧，其实只是脚本（剧本）的节选。因此要理解这些戏剧作品，一定要去读完整的脚本，还要尽可能去参与表演，至少要尽量去观看戏剧表演。

　　初中三年级语文下册有三篇戏剧作品，一是郭沫若的《屈原（节选）》，二是何冀平的《天下第一楼（节选）》，三是孙鸿的《枣儿》。而高中语文课本里，不但有《雷雨》《茶馆》等中国现代话剧的节选，还有《罗密欧和朱丽叶》《等待戈多》等西方戏剧的节选。我们在读初三语文教材中这三篇戏剧作品时，是在教室里读，而且是把它们当作戏剧故事来读的，因此不可能完全理解它们作为戏剧的意义。西方对戏剧作品的理解有这三个方面：一是戏剧讲述的故事无论看起来多么真实，都是虚构世界的事件，演员扮演其中的人物，这些人物也是虚构的角色。千万不要因为演员是我们身边的人，就认为这些角色是真实的。当一个演员在表演时，他就变成了虚构的一部分。二是戏剧艺术表演时，观众和演员共享相同的信息，从某种程度上来说，观众是整个戏剧表演的次要角色，也是戏剧表演的一部分。三是戏剧事件是审美事件，就像我们观看《雷雨》这出戏剧，它的故事和形式都是审美的，而且必须具有审美性，不然就不是戏剧。理解了这三点，就很容易理解什么是戏剧，戏剧应该怎么去学习和领悟了。

　　那么，戏剧作品是否可以阅读呢？当然可以，那就是品读戏剧脚本，仔细品读它的语言，尤其是它的对话、场景的设计以及旁白等。在品读这些语言的基础上，形成一个想象空间，也就是想象戏剧故事的表演空间——让戏剧里的形象在这个空间里说话、行动并形成和表现意义。有些戏剧叫独幕剧，有些叫多幕剧，其实，独幕剧就是戏剧表演在一个空间就可以完成，而多幕剧意味着要换多个空间，这就涉及布景，独幕剧表演只要布一个景即可。

民国时期，郑振铎创办和主编的《儿童世界》和黎锦晖主编的《小朋友》是我国最早刊登儿童戏剧作品的儿童杂志，黎锦晖还在《小朋友》杂志发表了《麻雀与小孩》《葡萄仙子》等童话剧。当时，这些童话剧除了供小学生阅读，还被不少小学用来排练表演。而且这些童话剧通过排练表演后影响更大，更受儿童喜爱。因此，戏剧即便在语文教材里选用，依然不适合作为主要的阅读材料。欧美国家初中和高中普遍开设戏剧课，注重它作为表演艺术的价值，这是很值得学习的。在我国，作为全面提高学生语文素养的有效途径之一，戏剧作品的阅读还是有必要的，毕竟它是四大文学体裁之一，且戏剧艺术也影响了很多人，它也是一门综合艺术。

学好童话多受益

　　童话是儿童文学中的一种重要文体，它与儿童诗一样，最具有儿童文学的审美特点，也最符合童心的趣味和成长的需要。在儿童文学学习中，童话的学习往往决定儿童文学学习的质量。一位儿童文学作家，要是不写童话，或者说不会写童话，那这位作家的影响力就会受到很大的限制。一位爸爸（或妈妈），不会给孩子讲童话，不会和孩子一起读童话，他的亲子阅读和家庭教育能力就会大打折扣。一位语文老师，不会讲童话课，恐怕是教学能力比较低的老师，他的课堂也很难吸引学生。

　　小学、初中语文教材里有一些童话，我认识的孙幼军、金波、张秋生、张之路、王一梅、顾鹰和慈琪等作家的童话就入选了小学语文教材，我喜欢的安徒生、罗大里等外国作家的童话也进了教材。少数新入职的语文老师不知道怎么教童话，而且不是文学专业出身的教研员也说不出童话的门道，所以过去很少看到语文老师以童话课文来上公开课、示范课。近几年随着语文教师专业素质的提高，开童话示范课的老师多了起来。以我个人的经验，要教好童话，第一要读懂童话。不理解童话，自然也没法与学生交流。第二要掌握一些童话知识，能够把童话中的特殊之美告诉学生。第三要有一定的童话写作经验。如果语文老师会写童话，那么讲童话对他来说就是一件相对容易的事，而且他也会引导和激励学生写童话。

　　对小学生来说，学习童话要注意三点：一是从整体上理解童话故事，看看它表达了什么内涵，有什么意义和价值。二是读完童话后，要琢磨故事的结构，看看作者是怎么讲故事的，童话里的主要形象代表什么，次要形象是在什么时候出来的，起到了什么作用。三是童话里的形象、观念和现实生活是否有联系，有什么样的联系。当然，每读一个童话，都要看看这个童话是不是有趣，是不是有美感，可以提出自己的看法。

　　除此之外，小学生还要通过课外阅读增加对童话的认识，培养讲好童话、写好童话的能力。这是因为语文课本里不仅有童话，有些童话还是精读课文，所以课外就要多阅读童话，还要在老师和家长的帮助下，尽可能学习一些简易的童话理论和知识，培养对童话之美的切实体会。

　　童话在亲子教育中的作用和价值也不一般。在幼儿阶段时，儿童很喜欢童话，喜欢听爸爸妈妈讲故事。因此童话是亲子阅读的好材料。多给幼儿听故事，尤其是充满幻想、富有想象力、很奇趣的童话故事，这是幼儿最早的快乐，也是最早的语言启蒙。小学阶段，儿童也很爱童话，喜欢幻想故事，而且童年生命的特点与幻想世界接近，儿童怀有对世界的好奇，也喜欢探索神秘的世界。因此，多给小学生读童话，不但可以培养他们的阅读兴趣，还可以激发想象力，满足好奇心，培养创新思维能力。基于此，我在指导小学语文教育教学时，会专门给语文老师做童话知识讲座，提高语文老师对童话的理解与鉴赏力。甚至当一些小学请我去做讲座时，我会主动到课堂，亲自教小学生写动物童话，也以此告诉语文老师和家长，每一个孩子都喜欢童话，并可能学会童话写作。

　　欧美国家很重视童话，也有不少对童话研究的成果，而且心理学家们认为童话有助于分析人格，有助于协调心理，有助于治疗一些精神疾病等，童话不只是一种文学作品，也是具有多种作用的文字载体。西方还有学者把童话当作文化研究的对象，从童话里寻找各种文化内涵与元素，找到人类的文化与精神之旅。我著的《儿童文学概论》，对童话的特点及教育文化价值做了一些介绍，也建议语文老师开童话阅读课。我还在多篇文章里谈到阅读童话的方法与意义。我自己在研究儿童文学、儿童阅读和语文教育的同时，创作了几十本童话集，亲身体会到了阅读童话、研究童话和创作童话的快乐。

　　课文里的童话传达了做人最基本的品格，把美的语言，把爱的世界，把真诚的情感，把想象力，献给了孩子们。这是一种文学理想，也是一种精神追求。

　　在读懂课文童话之余，课外读童话吧。读童话，会终身受益。

如何学习课本里的童话

语文课本里有不少童话，而且占了不小的比例，学生爱读，语文老师也愿意讲。如，一年级上册就有嵇鸿的《小松鼠找花生》和金波的《雨点儿》，一年级下册有金波的《树和喜鹊》、胡木仁的《荷叶圆圆》和罗亚的《要下雨了》；二年级上册有方素珍、盛璐德的《小蝌蚪找妈妈》、冰波的《企鹅寄冰》，二年级下册有张月的《我是一只小虫子》、彭文席的《小马过河》和冰波的《大象的耳朵》；三年级上册有安徒生的《卖火柴的小女孩》、流火的《那一定会很好》和张之路的《在牛肚子里旅行》，三年级下册有顾鹰的《我变成了一棵树》等，这些都是学生比较喜欢的短童话。它们有的是要精讲的，有的是略读的，还有的是供延伸阅读的。不管课本里怎么安排这些童话，对小学生来说，它们都是最有吸引力的。

为何童话是小学生最喜爱的呢？这主要和童话本身的特点有关。童话有这样三个很鲜明的特点：一是童话要营造一个幻想世界，或者幻想空间。也就是说，童话的形象及其言行是想象出来的，和小说里的人和事不一样。小说虽然也要想象，但小说里的人物及其言行和现实生活中的几乎没有区别，只是故事发生的时间和场景变了而已。二是童话里的形象一般是拟人形象。在《格林童话》这样的经典童话里，童话的主要形象是仙子和巫婆，但这样的经典童话是对民间童话的改编，后来的创作童话一般都是把动物、植物及生活中其他的物件、工

49

具拟人化。安徒生的《卖火柴的小女孩》和《皇帝的新装》其实是短篇小说，之所以被后来的人称为童话，是因为安徒生那个时候还缺乏文体自觉，当时安徒生自己也没有明确的童话文体概念，他的"童话"故事并非都是按照童话的样子来写的。有些专家认为《皇帝的新装》和《卖火柴的小女孩》这样的"童话"里的形象是"常人形象"，当然是"自圆其说"而已。今天我们创作童话，要是里面的主要形象都是常人，那肯定没人说它是童话了。因此，从这一点来看，语文教学不宜把《卖火柴的小女孩》和《皇帝的新装》编到童话课文里，也不要把它们当童话来读，它们就是批判现实主义的小说。这两个"童话"的寓意很深，现实生活含量很重，作为初中或高中课文是最好的，因为初、高中生才能更好地理解它们的内涵。三是童话要讲故事，但它和生活故事、小说等不一样。童话的故事是发生在幻想世界的，故事的发生、发展和结局都会在幻想空间里进行，或者在现实与幻想两个空间里切换。语文课本里把黄瑞云的《陶罐和铁罐》当作寓言，有人说它也像童话，但它里面只有两个形象，且是对比形象，没有突出其中一个形象，因此更符合寓言的写法。

值得提醒的是，寓言和童话的最大区别是寓言要把道理说明白，而童话不需要讲道理。另外，寓言不需要塑造形象，它通常借助两个形象的言行对比来讲一个道理，而且寓言的形象不必是幻想形象。但在语文课文学习中，还是有不少学生不能完全辨别童话的特点。对此，我觉得家长和语文老师不要急，让学生多读读童话，尤其是多读一些优秀作家的童话，学生就会渐渐理解童话的特点。明白了童话的特点，自己练习写童话也就迈开了重要的一步。

怎么读现代诗

　　小学语文教材里有古诗，也有现代诗。其中，现代诗里大部分是适合儿童读的诗。古诗有一些固定的教法和读法，教学参考资料里也提得比较多，而语文教育界对现代诗的认识却一直比较模糊。仔细分析，造成这种情况大体有三个原因：

　　一是现代诗一直被认为是"自由诗"，所谓"自由"，也就意味着"无定法"，不讲什么"规矩"，所以很多人认为现代诗和古诗相比，语言的艺术性要差一截儿，也很难找到教与学的抓手。二是古诗好讲评，现代诗不好讲评。古诗讲评时，可以抓住格律来讲，古诗里几乎都有押韵、对比、对仗、比喻、拟人等几种修辞手法，分析起来方便一些。只有少量的古诗有通感和象征手法，因此古诗只要理解了字词，就很容易把内容和含义传达出来。但现代诗没有很明显的外在的可以抓得住的形式，只能讲诗里的意象和意境，而讲诗里的意象变形、语言陌生化、象征手法、隐喻和通感等，都需要有很专业的文艺理论知识。而要讲透诗里的美、情感和思想，难度就更大了。三是古诗适合吟诵，现代诗吟诵效果不太好（吟诵可以活跃课堂气氛，也可以弥补讲解者对诗理解上的不足），而且现代诗不太符合小学语文长期以来肯定的"记忆性学习"的要求。四是古诗里有所谓"难词难句"和"名句"，而现代诗里一般没有。"难词难句"符合语文的语言知识教学的需要，也让课文有很好抓住的重点；"名句"背诵起来，也有充足的理由。

正是因为以上四个原因，导致一些人认为现代诗水平不如古诗，而且不好教，也不好背诵记忆。

其实，读现代诗和读古诗一样，有一些通则。最明显的一点是要对诗体有很好的认识。无论古诗还是现代诗，品读时都要抓住形式特点，也就是要感受诗体之美，理解诗里的语言的特殊性或别致之美。还要对诗里的修辞有准确的认识。古诗和现代诗都会用到修辞，有的每一行都会有一个修辞，有的一首诗才有一个修辞。古诗还会用典，用典也是一种修辞。对这些修辞的意义和价值有了理解，诗就读懂了一大半。此外，无论品读古诗还是品读现代诗，都要体验情境，把自己放到诗人营造的意境或情境里。当进入了诗的情境，也就很容易理解诗人的心境了。所谓"感同身受"，就是这个意思。如果不进入诗的情境，品读的人不转换角色，就很难理解诗人的情感和思想。

以小学语文四年级上册第一单元的略读课文《秋晚的江上》为例。这是五四时期的诗人刘大白写的一首短诗。

归巢的鸟儿，

尽管是倦了，

还驮着斜阳回去。

双翅一翻，

把斜阳掉在江上；

头白的芦苇，

也妆成一瞬的红颜了。

这首诗两节共七行，可以说是一首"微诗"。品读这首诗首先要理解诗里的修辞。显然，诗里修辞很简单，只用了"拟人"，诗人把鸟儿比作一个倦了的归人，还把芦苇比作头白的人。那么，这个"拟人"修辞的运用有什么作用呢？传达了诗人什么样的情感或意念呢？斜阳、倦鸟、头白的芦苇，这些自然的物象在诗人的脑海里构成了什么样的图画呢？无疑，诗人这样写，描绘的是一种瞬间的印象，同时，也传达出诗人对时间流逝的感叹，对疲倦的生命的感慨，对美的自然景象的惊讶，等等。要真正理解这首诗的美，还要找到诗的中心意象。这首诗里有鸟儿、江、斜阳、芦苇等四个意象，哪一个是中心意象呢？显然是那只归巢的"鸟儿"，因为它是诗里最活跃的意象，也是牵动诗人视角的意象，诗人的视线随着鸟儿的飞翔而移动，而心灵也随着它波动。斜阳、江和芦苇，都是鸟儿飞翔的背景而已。

品读《秋晚的江上》这样的现代诗，虽然不需要注意诗的分行和押韵，也不用注意诗里的生词。但对诗里的修辞和意象却要抓得住，理解得到位。与《秋晚的江上》编入同一单元的徐志摩的短诗《花牛歌》也可以这样来品读。从语言修辞到诗的意象，再进入诗的情境，这也是现代诗的一种最基本的读法。

古诗词学习的重点

不少学生学古诗词，仅限于朗读或吟诵。其实，朗读和吟诵只能体会古诗词的韵律，感受一些语言的旋律之美，即古诗词的音乐性。但要理解古诗词的意义，还是要细细品读，而且要安静地去品读，对其意义有所理解之后，还要回味再三。

学习古诗词，自然先要掌握一些基本知识，特别是古诗词里的诗体知识。古诗词包括诗、词、歌、赋等诗体形式，这些也叫诗歌体裁。小学课本里的古诗主要是绝句和律诗，绝句是四行诗，律诗是八行诗；绝句比律诗要多，绝句里有的是五言绝句，有的是七言绝句；律诗里有的"五言"，有的"七言"。如张继的《枫桥夜泊》是一首七言绝句。王维的《山居秋暝》是一首律诗，且是五言律诗。要弄清楚绝句和律诗的特点，这样就能区别它们，而且也能懂得绝句和律诗在结构形式上的规律。另外，律诗和绝句都有押韵、对仗、对偶等基本要求，读的时候要对比一下。统编小学语文教材里也有词，如五年级上册里纳兰性德的《长相思》就是一首词。词有词牌，它是填词用的曲调的名称，每个词牌有固定的格式和声律，决定着词的节奏和音律。如"长相思"就是一个词牌，纳兰性德填《长相思》这首词，按照的就是"长相思"的曲调。词和律诗、绝句不一样，绝句和律诗的诗句都整齐，但词的诗行长短不一，因此有一个别称——"长短句"。

古诗词里的修辞也是学习的一个重点。在古诗词里，修辞有何意义？起到什么作用？为什么诗人要用这样的修辞？如，古诗词里的比喻、拟人、对比、夸张和通感等修辞在具体语境里有什么作用？这些是学习古诗词时需要思考的问题。古诗学习里，也要注意一下名句——就是诗词里最美、最有趣味、最能体现诗心，或最有情感召唤力、精神震撼力的句子。如陶渊明《饮酒》中的"采菊东篱下，悠然见南山"，贺知章《回乡偶书》中的"少小离家老大回，乡音无改鬓毛衰"，王之涣《登鹳雀楼》中的"欲穷千里目，更上一层楼"，苏轼《浣溪沙·细雨斜风作晓寒》中的"人间有味是清欢"，等等。这样的句子，有的是诗人斟酌出来的，推敲出来的，修改出来的，有的可能就是妙手偶得之，完全是自然的表达。无论如何，理解名句，就是理解诗人的心态、情感和思想。因此，会读古诗词的人都会不自觉地记住诗词里的名句。

小学生学习古诗词要注意选择适合自己的作品，当然，这份工作需要教师和家长来提供帮助和辅导。我觉得从内容角度，古诗词里的生活诗、山水诗、田园诗、游踪诗、边塞诗、人文景观诗、言志诗和交友诗，都有一些很值得读的作品。如白居易的《池上》："小娃撑小艇，偷采白莲回。不解藏踪迹，浮萍一道开。"这就是一首生活诗，用的几乎是大白话，也没有用什么修辞，它描绘的是小娃撑着小船偷偷去采莲的情境，诗里的小娃形象给人儿童的生活趣味。高鼎的《村居》也是一首生活诗，描绘的是儿童在早春二月趁着东风放风筝的快乐生活场景："草长莺飞二月天，拂堤杨柳醉春烟。儿童散学归来早，忙趁东风放纸鸢。"杨万里的《小池》："泉眼无声惜细流，树阴照水爱晴柔。小荷才露尖尖角，早有蜻蜓立上头。"这首诗描绘的是自然之物之景，可以看作山水诗。李白的《望庐山瀑布》就完全属于山水诗，虽然它也是诗人的游踪记咏，但主要是描绘所看到的山水景物。

田园诗和山水诗是有区别的，田园诗即便写景物，也是写与诗人的日常生活距离很近的田园风光。如范成大的《四时田园杂兴》就是很典型的田园诗。

而王之涣的《登鹳雀楼》就是一首游踪诗，诗人游览到了鹳雀楼，登高之时心有所感，于是写出了这首诗。"白日依山尽，黄河入海流"，第一、二行诗是诗人对登上鹳雀楼后看到的景象的描绘。"欲穷千里目，更上一层楼"，第三、四行诗是诗人登上鹳雀楼后，极目远眺，理解了眼前所见的开阔世界后，自我启迪，发出的感慨。龚自珍的《己亥杂诗》则是一首言志诗，抒发了诗人对公平社会的追求以及期待自己的才华能被人发掘并有机会为社会做出贡献的愿望和理想："九州生气恃风雷，万马齐喑究可哀。我劝天公重抖擞，不拘一格降人才。"古诗里的交友诗，有的是当面赠友人的，有的是遥寄友人的，大都是诗人之间互相唱和，情感虽然真实，但格局总体不高。

古诗词妙处很多。一是有特殊的词语，即那些用得好，用得特别，让人眼前一亮的词语。二是新颖的修辞，一般一首好诗词里通常有一个能增加美感、想象力或启迪性的修辞。三是诗词里的情趣、情感、美感或思想，都是很吸引人并能让读者产生共鸣的。四是名句，有名句的诗词往往让人过目难忘，语文测试里也常会考查学生对古诗词名句的记忆与理解。五是古诗词里都有独特的人生经历或体验，有可以把人带入的特别的情境和境界。学习古诗词，体味到了这些妙处，就感受到了诗人的语言创造力，也真正体验到了古诗词的魅力。

调动感觉读古诗

　　近几年来，统编小学和初中语文教材增加了不少古诗词，据统计，1—9 年级共有必背古诗词 142 篇左右。很多语文老师和家长认为，古诗词学习就是要背诵，要记忆，于是，各种古诗词背诵的书籍泛滥，更加扰乱了语文学习的环境，也对很多孩子产生误导。不少孩子也以为会背诵就是把古诗词学好了。

　　我觉得古诗词学习先要有理解，然后再熟练地背诵，这样基本功就会牢固一些。如果不能理解，会背诵古诗词，会默写，会填空，未必就有意义。那么，学古诗词要注意哪几个方面呢？这里先来谈谈调动感觉，激发理解力。

　　选入小学语文课本里的古诗词作品主要是绝句，到了初中，又多了律诗。当然，小学语文课本里也有《江南》《长恨歌》这样的汉乐府，还有《敕勒川》这样的北朝民歌。老师要让学生知道绝句和律诗有何区别。绝句有五言绝句、七言绝句之分，而律诗也有五言和七言之分，它们各自的押韵是怎样的，这些都要讲清楚。还要把汉乐府、唐朝的古风诗都是什么，各有什么特点讲清楚。此外，古诗词里的常用修辞也是语言形式，对学生来说，也应该理解，如果不理解诗词里的修辞，就很难理解里面的意象、意境，脑海里也很难形成清晰的画面感。在理解语言特点的基础上，要调动感觉，促进理解。比如王维的《画》："远看山有色，近听水无声。春去花还在，人来鸟不惊。"这首绝句是小学一年级的必背古诗，它读起来好像很口语化，在绝句里是大白话，但要透过字面理解背后的意义，还是有难度的。这首诗是一幅画，它描绘的也是诗人看到的如画的景色。这幅画是这样的：远景是山，近景是水（当然，这肯定是山脚或山谷里的一条小河或小溪）。春天刚刚过去，山谷或山脚还有一些花开着，没有完全凋谢。人走近，小鸟并不害怕，依然很自然地在鸣唱，不会慌乱地飞走。显然，这首诗写的是诗人亲身的体验，描绘的就是诗人到山野里去游玩、去观赏而产生的感受。因此，从表层的感受角度看，这首诗里有视角感受，即诗人看到了景物，如青色或绿色的山，静静流淌的小河或小溪以及花朵和鸟；也有听觉感受，即有听到的声音，如鸟的鸣唱。从深层的感受角度看，这首诗里有诗人对景物空间的表现——诗人面对的景色是一个立体的空间。在这个自然空间里，有山，有水，有花草树木，有石头，有泥土，有鸟，还有人——诗人，也可能还有和诗人一起去游玩的人。这种空间的感受，就不是平面的印象，需要读诗的人进入诗里的情境才能体味到。而且一旦进入了诗的情境，读诗的人还会感受到自然情境里奇妙的气息、安静的氛围，感受到走进大自然后心灵的舒放以及心灵与自然之物之间形成的一种难以言尽的妙趣。

因此，学习古诗词，要调动感觉器官，要唤醒感觉。在讲解字词意义的基础上，要向学生细致地描绘古诗词里的感觉，尽量让学生进入情境，体验诗人的感觉，形成自己的理解。

品读贺知章的《咏柳》

　　读唐诗，贺知章的诗是很值得品读的。他的《咏柳》在唐诗里，从意象之美这个角度看，是特别值得推荐的。

　　在读贺知章的《咏柳》之前，我们来读一读李白的《望庐山瀑布》。这首诗特别有名，几乎读过唐诗的人都背得出来。大家也习惯性地认为，李白和杜甫的诗当然是唐诗里最好的。但李白的诗也不是首首都是最好的，不能简单地肯定他的每一首诗。

　　李白的《望庐山瀑布》这首诗里，前面两行都是大白话，而且没有意象，因为"日照香炉生紫烟，遥看瀑布挂前川"是诗人对眼前实景的描绘，不是想象，也没有想象。只是到了"飞流直下三千尺，疑是银河落九天"才有了意象。这两行里，九天的"银河"是对从山上直流而下的瀑布的想象。也就是说，这四行诗中，第一、二行诗句，没有意象之美，缺少提炼，缺乏想象，只有第三、四行诗句才有了想象，有了意象，也表达了诗人不经意间看到远处从山上飞流直下的瀑布的惊喜和感叹。所以，从意象美这个角度看，李白的《望庐山瀑布》只能及格，但贺知章的《咏柳》却可以得满分。

　　下面，我们来读一读贺知章的《咏柳》。

　　"碧玉妆成一树高，万条垂下绿丝绦"，诗的开头两行就展示了诗人的想象。诗人看见早春二月的柳树，发现柳树上的柳叶已经长出，在春天的阳光里，一片片，像碧玉一样，装扮了整棵柳树。而且柳枝一条条垂下来，好像万条绿丝绦一样。一个"碧玉"，一个"绿丝绦"，前者是对柳叶的想象，后者是对柳枝的想象，这是两个比喻意象，都把春天柳树远看的视觉效果表达了出来，同时也把诗人看到清新美好的柳树而发出的惊喜的感叹表达了出来。特别是"碧玉"这个比喻意象，特别美，它有四个内涵：第一，它把柳叶清新透明的特点表现了出来；第二，它把春天的色彩和春天的明亮、温润表现了出来；第三，它把柳叶本身的碧绿表达了出来；第四，它也把诗人明快的心情表现了出来。所以，诗的前两行都有恰当的能够迅速引发读者美的感受的比喻意象。

诗的第三、四行里，诗人从远远观看的情状转到了近观，也就是对柳树的细细端详和欣赏。"不知细叶谁裁出，二月春风似剪刀"，这显然是诗人走到了柳树旁，细细欣赏一片一片的柳叶，诗人发现，柳叶都那么均匀，那么细巧，好像有谁用巧手裁剪过一样，所以发出了惊讶的疑问：谁裁剪出了这么细的柳叶呀？于是，第四句就自然给予了回答。"二月春风似剪刀"，这里把二月春风比作一把剪刀，由虚到实，把自然的力量展示了出来，也进一步向读者展示了柳树之美。同时，到了最后，读者也可以从诗人的诗句里感受到，诗人不但在用眼睛观察大自然，寻找大自然之美，也是在用心感受大自然之美，在柳树上找到了春天的神奇和新鲜，这是春天最有意思的一面。

与李白的《望庐山瀑布》相比，贺知章的《咏柳》有三点要胜出：第一，《咏柳》全诗四行，每一行都有意象，也就是说，它的想象更丰富，对所描绘、歌咏的对象（柳树）的感受更具体，更细腻。第二，《望庐山瀑布》只是诗人远观庐山瀑布的一点惊喜，但《咏柳》由远观到近看，诗人在逐渐走近柳树的同时，也把读者带入了千条万条绿丝绦里，去感受柳树迷人的情境。《咏柳》里不但有远观的惊喜，也有近观的惊讶和庆幸。第三，《望庐山瀑布》里只有一个比喻，把"瀑布"比喻成"银河"，而且带着夸张色彩，这当然与诗人的惊喜之感正好吻合。这个比喻意象用得好。但贺知章的《咏柳》里，每一诗行都有修辞，第一、二行里有两个比喻意象，第三行里有拟人手法，也是想象力的延伸，第四行里不但有比喻，还有拟人（谁拿着春风这把剪刀？肯定是春姑娘、春妈妈了）。且第四行的比喻，把春风比作剪刀，别出心裁。所以，《咏柳》的修辞更丰富，语言更优美，也更能显示诗人的语言智慧。

一般人读唐诗，只在乎它表面的形式，比如它的押韵，它的可以朗诵的音乐之美。这只是对唐诗理解了一部分而已。其实，读唐诗，最重要的是感受它的语言，找到它最能显示诗人语言智慧的修辞或句法，然后，再来理解诗里的心境和情感。这样一来，读唐诗，就读出了内涵，读懂了趣味，读到了美。

《咏柳》这首诗里写的是自然景物之美，春天之美。此类唐诗，还有孟浩然的《过故人庄》《春晓》、王维的《鹿柴》《鸟鸣涧》《山中》、杜甫的《春夜喜雨》、杜牧的《江南春》等。

古诗词也需要吟诵

几十年前，王力先生在谈语文教育时，就提出了他对文言文的看法，他说："我觉得现在中学教文言文多了些，听说还有要再多选一些的趋势。我的看法恰好相反，不要文言文太多，特别是不应该把古文古诗跟现代白话文混在一起，因为我们是反对写文言文的。"他认为，现代人要说现代话，不要写文言文；并且文言文也不易写好，为什么要做这吃力不讨好的事呢？王力还认为："学文言文，学古文，学它的辞藻，这是错误的。我们学古文，要学它的文风，学它的文气，就是看人家写文章怎么写，开始怎么写、中间怎么写、最后怎么收的。"王力的观点对今天的语文教育来说，依然是很有启迪和教益的。今天的语文教育过分强调了文言文，也过分夸大了古诗词的作用，错误地偏爱了文言文的辞藻和古诗的文风，而忽视了它们的文气，不能以科学的态度来对待古文和古诗词。

贯彻有关方面的指示，新的统编中小学语文教材很重视传统文化的材料和内容，单就小学语文课本 1—6 年级，古诗词入选就达 112 首之多。可见，古诗词的课内学习和阅读任务是比较重的，而且这一部分也是语文教学中最有难度的。另外到了中学，古诗词和古文的学习也成为中学生语文课程最基础的一部分。因此，无论是语文教师还是家长，都非常重视孩子的古诗词阅读与理解，也希望通过古诗词的学习和阅读，增强孩子的人文素养，同时，也培养起对传统文化的敬畏，并达到夯实语文基础的目标。

"双减"政策实施后，过去很疯狂的学科培训被压制，很多家长不再送孩子去各类语文学习培训班了，孩子们语文课外学习的时间多了，但课外应该读什么，在家庭里孩子的语文素养和读写能力如何提升，又成了一个新问题。依我个人的意见和经验，学校里的语文课是课内阅读，学校里的阅读活动是校内语文学习，家庭里的阅读则属于家庭语文。在家庭语文中，家长要扮演指导或引导的角色。孩子读什么，怎么读，要提高语文综合素养和读写能力孩子该怎么做，这是家长要思考和解决的问题。2021 年，深圳出版集团海天出版社出版了《感动千年——唱响古诗词》丛书，责编老师送给我一套，我很喜欢。这套书可以说为"双减"后家长指导孩子的家庭语文学习提供了"及时雨"，因为这套书不但适合孩子自主阅读，还适合孩子和家长一起欣赏。它不但可以听、读结合，还可以引导孩子把古诗词学习变成日常艺术生活的一部分。

总体来看，《感动千年——唱响古诗词》丛书的编辑和内容设计非常好，它分两辑：一辑是诗词，共 3 册；另一辑是曲谱册，也是 3 册。这套书按照新课程标准的要求，依据小学生必背古诗词的目录来精选诗词作品，同时，还补充了拓展阅读的古诗词。按照 1—2 年级、3—4 年级和 5—6 年级三个学段划分来进行内容编排，使得两辑古诗词呈现出阶梯性，也形成了与语文教材同步阅读和唱读的体系。这种内容的阶梯性，既符合学校课内语文学习的需要，也与家庭语文的学习结合起来，不但有利于语文教师进行课后拓展，也有利于家长对孩子古诗词学习的监督与指导。

当然，最值得肯定的是这套书的品质和价值。它有四个方面的价值值得肯定：一是这套古诗词学习丛书创新了语文学习的形式。它既有 3 册读本，又有 3 册唱本，读唱结合，让学生在诵读古诗词的同时，还可以唱古诗词，把古诗词与现代音乐结合起来，不但可以强化学习古诗词的效率，还有益于身心健康，特别有益于审美情操的培育。二是这套古诗词的评注很有特点，也很精到。有些古诗词的评注还富有诗意和激情，有激发性，很符合儿童的接受能力。诗文主编朱云潇是影视艺术专家，也是创作专才，熟稔儿童文艺，因此，文字里童心洋溢。三是这套古诗词的曲谱作者一流。黄国群、瞿希贤、潘振声、白诚仁、郑秋枫、隋立本和徐涛东等都是国内声名赫赫，甚至享誉海外的作曲家，也多为儿童歌词谱曲。瞿希贤创作了《听妈妈讲那过去的故事》《乌苏里船歌》等，白诚仁创作了《小背篓》《挑担茶叶上北京》等，郑秋枫创作了《我爱你，中国》《帕米尔，我的家乡多么美》和《蓝精灵之歌》等。丛书的音频均由黄国群组织优秀童声合唱团录制。可以说，一套古诗词曲谱集中，有如此一流的作曲家谱曲，其质量可想而知。从这个角度看，这套古诗词曲谱集完全可以用于小学音乐教学，甚至课外音乐培训。四是这套书从序言的质量和版式设计的美观来看，也是一套很精美的儿童读物和课外学习材料，书里配的国画也很有质量。北京大学老校长周其凤对这套书评价很高，他说："古人作诗，原本就会随着旋律吟诵诗词，诗乐相和是古诗本来的形态。这套书把诗词和乐曲重新融合，对孩子们理解古诗词、欣赏古诗词很有帮助。"而且他还认为："为古人的名篇谱曲不容易，为孩子们写好曲子更难。"无疑，这是一套由编辑、选编者、评注者、作曲家精心为孩子们设计、制作的古诗词读本、唱本。

　　并且，我觉得这套书与小学语文课文的结合度也很高，可以作为小学生课外延伸阅读材料。它不但满足了家长们对孩子学习古诗词要注重阅读和记忆的传统观念，也满足了语文老师和家长们对语文学习方式创新的要求，同时也是"双减"政策之后难得的一部寓教于乐、寓教于美的儿童读物。

古诗文学习建议

按照统编教材的课文编排以及语文课程标准的要求，小学到高中要学大约345篇古诗文，这个学习总量是很大的。尤其是近几年来中高考改革，考试都加重了对传统文化的考查，因此对小学生和中学生来说，古诗文学习就变成了学业压力。

根据一线教师的看法，学生的古诗文学习普遍存在这几种现象：一是不愿意背诵，记得太少。二是古诗文的意思不明白，很多名句都记不住。三是对文言文学习兴趣不浓，加上对古文的词义和句法不理解，因此对古文学习产生畏难情绪。

实际上，古诗文学习并没有想象中那么难，只要学生注意一些方法，就可以解决古诗文学习中的困难和问题。

一是循序渐进地学习，按照课文的顺序去背诵，去记忆，去理解。小学语文课本里主要是古诗，而且以绝句为主，因此难度并不大。比如，统编小学语文教材一年级上册只有骆宾王的《咏鹅》、汉乐府《江南》、李绅的《悯农》、李白的《古朗月行（节选）》和李峤的《风》五首古诗。其中，《咏鹅》大多数孩子在幼儿阶段就会背诵了，而《江南》也是很简单的。这些古诗只要稍微用通俗的话和学生解释一下，他们就能明白意思，且词语和句子也很好解释。一年级下册也就六首古诗。到了小学中高年级，语文课本中每册也就十首古诗左右，而且都是语言比较晓畅的。总体来看，小学阶段古诗学习难度不大，只要跟上课文学习的节奏，按照步骤去学习，是不会有问题的。现在网上有各种"一天背一首古诗"的提法，我觉得很不妥。让一个人天天去背诵古诗，任谁都会觉得枯燥无趣。想想看，如果我们天天都吃土豆，会不会觉得腻味？小学必读古诗有135首，看起来学习的量很大，可是小学有六年的时间，因此，只要按部就班，每个学期背诵学习十来首就够了。

二是目标分解，由易到难，不要过分超前学习。小学语文学习和数学课程的学习是不一样的，语文能力靠平时积累，不可一蹴而就。要知道"欲速则不达"，古诗文学习与其他作品的学习，都要平时多接触，多阅读，积累多了，才会提高理解力，到了一定程度，自然就有豁然开朗的感觉。小学里的古诗，李白的《静夜思》《望庐山瀑布》《望天门山》《黄鹤楼送孟浩然之广陵》，杜甫的《绝句》，白居易的《忆江南》《大林寺桃花》，贺知章的《咏柳》《回乡偶书》，孟浩然的《过故人庄》，王维的《鹿柴》《鸟鸣涧》，杜牧的《山行》《清明》，张继的《枫桥夜泊》，等等，这些都是很适合背诵、吟诵的。日常生活中可以随口吟诵，增加对这些古诗的记忆和理解，同时，在写景抒情的作文中也可以借用一下，它们是很有助于抒情的。这样，到了初中阶段，学习更难一些的古诗词时，就不会有畏惧情绪了。

三是古诗学习要抓住整体意思，理解诗的意境，在此基础上，记住和理解诗里的名句。比如杜甫的《绝句》："两个黄鹂鸣翠柳，一行白鹭上青天。窗含西岭千秋雪，门泊东吴万里船。"这首诗的画面很美，而且视野开阔，诗人抬头望去，看到的景色非常美，也有浩然之气。比如王维的《鹿柴》，有空山寂静的意境，理解了这个意境，作为读者就进入了诗里的情境，也就能体验到进入空山的所见、所闻、所感了。比如张继的《枫桥夜泊》，这首诗是深秋寒意深深的意境，要是能理解出来，诗的意思就懂了大半。因此理解了诗里的"寒意"，也就理解了为何"对愁眠"了。古诗的背景与今天大有不同，不可拘泥于细节去学习。学古诗也不能零碎地记忆词语和句子，最重要的是理解诗的整体意思，把握总体印象，产生对意境的理解，这样，才能发生移情作用，有所感悟。

而古文的学习也是如此，先理解古文里的故事，再理解古文里的道理。在此基础上，再重点抓住几个难字难词，细读细研，弄懂弄透。

第三辑

阅读是基础

为什么要读好书

常看到一些作家做讲座或者写文章，说读杂书很好。而且还认为，小的时候读一些杂书，读一些流行读物，甚至读一些不健康的书也不用太担心。这些人有一个口头禅："你们看，我是这样读书的，不也一样长大了！"这样一听，好像很有道理，但禁不起琢磨，稍微有点儿脑筋的人，都会觉得他们讲的所谓读书经验并不可取。

首先，这些人之所以小时候只能读一些杂书，甚至不健康的书，可能是因为他们的父母缺乏文化素养，而且不善于做阅读指导。也可能他们的父母自己就没读过书，甚至不识字。当然，还有可能是他们的父母根本不关心这个问题，只任由孩子去做自己想做的。其次，这些人之所以小时候读的是杂书，也和当时阅读环境不够好有关。我小的时候，小镇上就有不少不健康的"地摊文学"，宣扬色情和暴力的，很吸引青少年阅读，小镇青年是最主要的阅读群体。如果阅读环境好，有好的学校和图书馆以及好的老师指导，他们可能就不会读杂书，甚至是"地摊文学"，而是去读经典，读更值得读的好书了。

显然，这些人没有意识到读杂书虽然也解渴，也一定程度上满足了阅读的需求，但要是有经典的好书读，那他们可能过的是完全不一样的生活了。

所以，每当有学校和图书馆邀请我去给孩子们做讲座时，一旦讲到读书，我会一再强调不要乱读书，一定要读好书，要尽量读经典。

给家长们做讲座时，我也总强调："给孩子读书，当然要读好书。童年是人生的起点，如果你有条件让它更好，为何要让它任意、随意地度过呢。"好书，包括经典，也包括最新出版的优质图书。好书，一般从封面设计到包装印刷，再到内容，都不会差，因为好书是有通行的标准的。

当然，就内容来说，好书的文字，或朴素，或优美。朴素的文字，很生活化，很亲切，很随和，娓娓道来，如数家珍，作家的生活和感受非常直接，态度也很真诚。优美的文字往往是很讲语言技巧的，甚至作家就是一位修辞学家。读优美的文字，很容易学到特殊的语法，了解语言的变化，甚至能感受到作家对语言的挑剔和敬畏。

从小读好书，是接受最好的语文启蒙。在家里读好书，是接受最好的家庭语文；在学校里读好书，是接受最好的学校语文的一部分；在社区书屋和公共图书馆去借阅好书，也是自觉地从社会上吸收语文的营养。

读好书，又不仅仅是学语文，也培养纯正的阅读趣味——这是与人的品位相关的。好书，包含智慧人生和丰富的生活。读好书，会视野开阔，心胸开阔，情操高尚。好书，不仅仅语言好，而且价值观正，能够真正在精神上引领读者。

如何选好书

出去讲课，经常有人问我：如何给孩子选书。看到他们着急而略显慌乱的脸色和眼神，我确信他们对如何选书给孩子读真的有些不知所措。

根据我的了解，不少家长对给孩子读书没概念，没想法，而孩子们呢，也很难分辨出哪些是最适合自己读的书。其实，只要经常去逛逛书店，买几本书回家读一读，就知道什么是好书，什么是不太值得去购买和阅读的书了。当然，给孩子选书和买书也是如此，到书店里的童书专柜上多翻一翻，多挑一挑，然后买几本先读一读，就知道自己买的哪一本童书相对质量比较高，哪一本质量差一些。而且经常逛童书专柜的话，一定可以一眼就看出哪些童书印刷精美、质量很好。

说实在话，最初我也不太知道童书的情况，对童书也缺乏辨别的方法。做了爸爸后，开始关注童书，了解儿童文学创作、亲子阅读和童书出版，自然也主动去北京的王府井新华书店和西单图书大厦的少儿书专区去看书，选书。多逛了几次，读了不少童书，大体就了解了童书出版状况，而且形成了自己对好书的几点判断：

第一，好书一般印刷品质好。纸张好，印刷也很清晰，没有明显的错字、错版以及模糊的色彩等问题。而盗版书，即使是名著的盗版，一看就知道，纸张差，排版不精美，甚至字号很小，印刷模糊。有一次，我收到一个文化公司给我寄赠的新出版的童书，发现有一本童书封面上的作者署名和版权页上的作者署名竟然不一样。我当然很奇怪，也很生气，这也足以让我不再信任这样的文化公司，也不希望这本书流传到市场上，因此也从不愿意推荐这样的童书。还有一次，我在社区里看到有人摆书摊，发现了沈石溪、曹文轩等作家的多部作品竟然被印成了6号字，密密麻麻地挤在厚厚的一本书上，我当即就警告物业，不要让这样卖盗版书的商家进社区。

第二，好书的作者一般是有名有姓的，且书的勒口或封底有真实的作者简介。那些东拼西凑的烂书，一般作者信息模糊、缺失，或者是化名编著的。我觉得那些不愿意把作者信息公开的书，都不太值得信任。想想看，你去买东西，那个东西的生产厂家是谁都没标明，你会信心百倍地去买吗？而且有作者的真实身份，至少说明作者敢于负责。有人可能会说，过去不是有作家喜欢用笔名吗？尤其是民国时期的作家特别喜欢用笔名。但他们不知道，那时候很多人用笔名，主要是为了一稿多投，或者同时在一家报刊上发表多篇作品。还有的人用笔名，是熟人互相给对方编辑的报刊写稿，也有的是在自己编辑的报刊上发文章，为了避免被人看出来，就用了不同的笔名。因此，笔名在过去并没有人们想象中那么雅趣，反而对很多作家来说，恰恰是"功利"写作的证据。

我认识和钦佩的作家中，也有不少人用笔名，比如，有诗选入小学语文教材的金波老师，他的原名叫"王金波"，但现在我们觉得"金波"这个笔名更好，更亲切。再比如，有歌词选入小学音乐教材的金本老师，他原名叫"李金本"，现在我们也习惯了"金本"这个笔名。但我还是不太赞成今天的年轻作者用笔名，因为不利于知识产权保护，而且也有点儿戴着面具和人交流的感觉。用真名，不但方便维权，也更方便与读者交流。不过，那些用笔名出书，但书上有作者照片和介绍的童书是可信的。

第三，好书的校对都非常专业、认真。好书无论版权页还是内文都不会有明显的错误。有些童书，甚至是一些其他文学类图书，校对很粗糙，里面的错别字甚至超过了万分之三的差错标准，这种就很可能是作者自费出书，出版社责任编辑把关不严造成的。我自己也亲身经历过这样的事，我的一本童书交给了一家出版社，但印出来后，发现了好几处错误。拿到样书后，我心里很难受，不得不告知出版社，请他们给予及时纠错。现在打字很容易出错，编辑这一关一定要把好。编辑、校对不把好关，会影响书的文字质量。

第四，有些童书一看是以"某某工作室"的名义"编著"或"译著"的，就不太值得读。为什么呢？因为"工作室"好像是集体创作，往往缺少原创精神，也缺乏著作权意识，对真正付出劳动的作者和译者不太尊重。我认识的一个文化公司就出了不少这类作者都是"某某工作室"的童书，据说公司老板为了省钱，让编辑低价请人编译或攒稿，以规避正常约稿要付的版税。当然，如果在书店里发现了"某某工作室"创作或翻译的一套书，其中每一本都有真实的作者或译者姓名，说明这虽然是一套书，但每本书都是单个作者独立完成的。这样的书，相对来说也值得信任。

第五，我也觉得对小学生来说，以识字为目的的拼音童书要慎选，拼音童书错误率高，而且没有谁会根据拼音读书。不过，小学一、二年级的孩子可以选择那些具有桥梁书性质的注音童话书，但家长要知道，注音童书中的"注音"是起不到学拼音的作用的，而且读书也不是为了学拼音。小学语文教学在低年级死抠拼音教学，甚至天天布置作业，让很多家长感觉孩子读书不学拼音就不行。事实上，学拼音是为了学普通话，但会不会讲普通话和语文水平、读写能力一点儿关系都没有。如果认为拼音好语文才学得好，等于否认了过去上千年的教育，因为没有推广拼音之前，都是方言教学。

另外，在一些网络电商平台上购买的廉价童书，质量堪忧，有不少媒体和购买者也在网络上予以曝光，还有一些出版社站出来打官司，这些非常便宜的童书相当一部分就是盗版书，建议不要购买。

总而言之，给孩子选书或者孩子自己选书，都要用心。既要懂一些常识，也要用亲身的阅读实践去提高自己的判断力和选书的标准。与其天天期待别人给开书单，不如自己去品味文字之美。如果读书完全靠别人推荐，是不可能爱上阅读，也不可能培养出良好的读写能力的。

读书重在兴趣

有些家长非常焦虑，恨不得孩子小学低年级就能熟读很多名著。这是不对的，家长不必这么着急，低年级孩子读书重在兴趣，不宜过于强调难度和深度。

一、二年级的孩子，刚刚进入学校，语文学习刚刚起步，识字量不多，而且语文老师还在教他们生字、拼音，还在教他们解词、造句，而且这一阶段还没有作文的要求，只是要求写话。之所以只要求写话，也是因为低年级学生识字少，认识和理解的词语少，造句还有一定的难度，能够把想说的话写下来都不是一件很容易的事，所以不要求写整篇作文，只要能写出两句通顺的话，就很好。在这种情况下，家长如果还是按照成年人的标准去衡量孩子的课外阅读，用自己认为合适的难度去规范孩子的阅读，自然是不科学的。

低年级孩子的课内阅读，读的都是短文，小学一、二年级的语文课本里的课文和阅读材料，大都是一两百字以内的儿歌、小诗、童话和故事，那么，课外阅读自然也不能字数过多、篇幅过长、难度过大，应该也是一两百字到三四百字以内的短文、小诗。所以给孩子过早地读整本书不科学，也与孩子的语文识字量和理解力不对称、不匹配。如果按照低年级孩子语文学习的特点和规律，科学、合理地选择阅读材料的话，应该首选儿歌、儿童诗、短篇童话和故事。也可以适当地读一些成语故事和短小的民间故事。这些短小、易于被低年级孩子理解的文字,不但容易被他们接受,而且可以相应地提高他们的语文能力,也能比较快地培养他们的课外阅读兴趣。

当然,给低年级的孩子读短小的儿童文学作品,也要注意不同孩子的识字量和理解力的差异。有些孩子,因为父母从没给他们做过亲子阅读,家庭也缺乏课外阅读的条件,那么,给他们读的作品就要短一点儿,生词要少一点儿,故事性要强一点儿。而对那些享受过亲子阅读的孩子来说,进入一、二年级学习后,课文阅读跟得上,课外阅读的作品就可以稍微长一点儿,文字量大一点儿,读的次数和频率可以高一点儿。有一种"桥梁书",这种书是专门为低年级孩子创作的,字数不太多,字号相对比较大,插画多一些,作品都是短篇,很适合低年级孩子自主阅读。有些家长认为孩子识字少,爱看图画,就给低年级孩子读绘本,这样也是可以的,但不能单纯读绘本,因为小学语文课本里不但有儿歌、儿童诗,还有散文、童话和故事等,也有古诗词。因此,低年级孩子的课外阅读内容还是要尽量与语文教材匹配,同时,不要太难,要以激发和培养兴趣为目的。

孩子喜欢课外阅读了,只要家长准备的阅读材料合适,也比较丰富,孩子自然会有选择性地去读。读多了,有了课外阅读习惯,语文学习也能很快进入佳境。

让阅读有积累

　　语文课是课内阅读，但仅靠读课本是学不好语文的。尤其是在当今语文考试改革的情形下，读写占比很大，课外阅读异常重要。但不少人以为课外阅读，只要多读文章，增加识字量、词汇量，就可以提高文字理解力了。其实，课外阅读并不是读了多少名著那么简单，就算是把唐诗、宋词、元曲和"四大名著"以及诺贝尔文学奖获奖作家的作品都读完，也只是提高了阅读量一个方面，而实际上课外阅读还有多个方面需要注意：

　　一是读书自然要读懂文字，进而读懂整篇文章，然后再逐渐地读懂整本书，并养成课外阅读的习惯。如果只是浏览片段、章节，进行寻章摘句式的阅读，那肯定难以准确获得对一本书或一篇文章的整体印象。

　　二是注意文章里的修辞，寻找语言之美，体会作者的匠心。也就是说，读文章时要感悟文字的魅力，它为何很美，为何有些词语用得特别好，为何有些句子读了很受启发，为何有些情节读了令人难忘，作家和诗人为何要这样遣词造句，为何要这样结构布局。这些都值得思考。此外，为何有些小说里的人物语言也令人惊奇，甚至震惊，分析一下它的原因，琢磨几个为什么。

　　三是读文章时，要注意文章的文体，即了解体裁特点，并把所读文章与之前读过的同一体裁的文章进行对比，形成对这一体裁的基本认识。比如，读一首现代诗时，要体会这首诗的语言和形式特点，包括它的分行分节，这些虽然无关读者对诗的意思的理解，却与对文体的认识有密切关系。当然，语文课本里古诗词多，语文老师都希望学生课外多阅读古诗词，而古诗词讲声律，讲对仗，读的时候，对这些要敏感一点儿。

四是读一位作家或诗人的作品时，要注意他作品的特点，是不是带有很大的个性，是不是和其他作家、诗人的作品有很大差异。比如冰心的诗和叶圣陶的诗的语言是不是差别很大，他们各自表达情感和思想的方式是不是有很大不同。读外国作家的作品和读中国作家的作品有哪些不同感受，等等。

五是读一篇文章时，是否注意了它的标点符号用法，是否注意了它的分段分章，是否对它的大标题、小标题有兴趣。这些都决定了课外阅读的质量。

六是读一本书时，认真读读它的序言（有的书用的是前言）、后记（有的书用的是跋）和作者简介。读了一本书，问问自己是不是对作者产生了兴趣。如果课外阅读只是浮光掠影地浏览一些作品或书籍，那么就不太可能注意这些，课外阅读也很难积累对好文字的基本认识。要知道，一篇好的文章一定需要一些基本的知识，这也是写作的常识——而写作的常识又是蕴含在作品里的，需要读的人抓住，并细心体会、感悟，渐渐化为自己的认识与理解。

所以课外阅读不能只抓量。因为课标里提出了小学生要读 400 万字的具体量化指标，所以很多人以为只要读得多，读够了字数，就可以提高阅读能力了。前几年，一些学校提倡的"海量阅读"和"经典素读"就不太科学。我参加过几次这样的活动。有的人认为读经典不要想那么多，只要天天让学生朗读，就够了。于是，一次课程研讨会上有一位老师上示范课，带着学生在40分钟内不停地朗读了26首古诗。要知道，阅读能力的提升不是只靠海量阅读就能解决的，经典需要批判性阅读，还要深入去思考、去判断。事实上，课外阅读的积累需要注意很多方面，才能有质量、有成效。

课外阅读怎么抓

按照义务教育语文课程标准，小学三、四年级的孩子，识字量有了一定的增加，但总识字量不超过 2000 字，有的孩子还在学拼音，解词造句还有很大的困难。但语文课程标准也规定，小学三年级要进行习作教学了，也就是说，进入三、四年级，孩子每周都要作文。

大家都知道，作文与写话是不一样的。写话，只要求把一两句话写好，写通顺，写得符合表达的需要即可。而且写话，只要求能写出几句自己想说且能说好的话就行。但习作，就是要写一篇完整的短文了。一篇记叙性的短文要完整，必须有几个要素：一是要有故事的完整性。二是要有段落和层次。如果一个短故事只有一段话，很显然不太符合要求，也无法体现层次感。三是完整的短文一定有开头和结尾，有首尾呼应，这样才有逻辑。所以从写话到习作，是语文学习的一个坎，对很多孩子来说，要跨过这道坎，是要努力的，当然，一定要不怕苦，要愿意动脑筋，敢于去尝试。

习作这一关一定要过。要顺利学会作文当然有一个前提，那就是要有阅读理解力。但小学三、四年级的孩子，阅读理解力从哪里来？很显然要注意两个方面：一是要提高对课文的理解力。小学一、二年级的语文课文学习要注意理解力，不能简单地识字和学拼音。对课文的理解要靠语文老师启发式的提问，在课堂上让学生思考、表达，甚至阐述自己的观点和看法。同时，在讲解课文时，能及时把课外的优秀短文、短诗补充到课内来，让课堂丰富一些，让学生从语文课上领悟更丰富、更优美的文字。二是课外阅读要跟上。要知道，语文课学习是基础，课外阅读是补充和提高。当然，课外阅读和语文课结合起来，效果会更好。比如，语文课文里学到儿歌、儿童诗时，可以让孩子课外读些儿歌、儿童诗。语文课文里学到童话和故事时，就给孩子课外读些短文、短童话和故事。这样，课内和课外有了补充和联动，就形成了一个体系。有些语文老师不太善于指导课外阅读，而家长也不太了解语文课，就很难做到这一点。我还有一个经验，就是让孩子读一些儿童杂志和报纸，上面的短文比较多，而且形式和体裁多样，很适合用来作为学生课外补充阅读的素材。

三、四年级孩子的课外阅读处于整个自主阅读生活的起步阶段，因此，在这一时期，家长和老师都要尽量培养他们自主阅读的兴趣、意识，然后再想办法提高他们自主阅读的能力。所以，这一阶段的课外阅读，不可过多地给孩子读长篇作品，也不可刻意在规定的时间内让孩子读整本书。自主阅读以短篇作品为主，同时，鼓励孩子在课外阅读时，也写点儿感想和感受，并模仿着写作。比如，可以模仿着写小诗，写小童话。这样很容易快速理解文字，并能快速学会讲故事以及培养写作兴趣。我不主张让三、四年级的孩子课外读一些附加了思考题的阅读材料，那些像教辅的读物可能对孩子的自主阅读兴趣是一个摧毁。因此，给孩子读什么书，读什么报刊，是很重要的。

自主阅读起步时，作品要纯粹一些，目的要单纯一些，不要把课外阅读当作课堂学习，更不要把它看作考试的一部分。

如何激发阅读兴趣

做了二十多年的老师，我有一个基本的认识：语文成绩不好的学生，大部分也没有阅读兴趣，而且课外阅读比较少。这差不多是不需要证明的一个事实。

根据我读小学时的经验，也差不多是这样的。那时候，我所在的村小一个班级四五十个孩子，几乎都不爱学习，语文成绩都很差。为什么会这样？因为这些小伙伴家里条件都很差，父母都是农民，家里孩子多，经济负担重，并且大部分家里几辈人都没读过书。他们自然没读过课外书，更谈不上阅读的兴趣、习惯和方法了。可以说，他们除了语文课本，上完了小学都不知道这个世界上还有课外书。记得绝大部分小伙伴连"小人书"（一种连环画）都没读过，更不用说读世界文学名著了。从没接触过课外书，何谈阅读兴趣？如果要用"激发"这个动词造句，都找不到一个恰当的宾语。但我真的非常幸运，我出身于教师家庭，爸爸妈妈文化素质高，他们青年时就爱读书，家里也有很多书，不但有适合孩子读的儿童读物，还有很多世界文学名著，加上我的大姨父是小学校长，也支持孩子课外阅读，家里也有很多适合孩子读的书。于是，课余有了时间，我就可以随意地去翻阅这些书籍了。读多了，就爱上了阅读，后来在中学和大学再接触到最新的优秀的文学作品和好书，就有如饥似渴的感觉。因此，激发阅读兴趣有一个前提，就是要能接触到好书，接触到足以满足一个孩子对文字世界的强烈好奇心的好书。

因此，每当一些家长问我："为什么我的孩子不爱读书，没有养成课外阅读的习惯？"我不好直接回答，但我心里明白，家里一定要有足够的适合孩子读的书和一些儿童报刊，哪怕是家里有几本"小人书"和一份儿童报刊也好。我觉得，有条件的家长一定要让孩子读童书，要多准备一些优质的童话、儿童小说和其他一些儿童文学读物，让孩子随手就可以够得到适合他读的书。有能吸引他的文字，阅读兴趣的激发是很自然的。

但并不是说那些家里缺乏阅读条件的孩子就没有办法激发出阅读兴趣。这里我不妨再讲一个故事。我的一个同事，家里很困难，小时候连饭都吃不饱，自然也没有课外书读。不过有一天，他去走亲戚，发现亲戚家里有几本旧书，他翻了翻，虽然读不懂，但觉得有些兴趣，就带回家去慢慢啃，结果，他啃了几次，竟然渐渐懂了一些。他就继续啃，而且越啃越喜欢。这几本旧书都是过去的古典小说，如《三侠五义》《隋唐演义》和《说岳全传》之类。这些书之所以吸引他，当然是因为有故事，还有个原因就是他实在找不到别的书可读，而且当时也没有玩具，于是，他干完了家务和农活儿，只好一个人读这些故事书。因为反复读了这些旧书，他的语文成绩就比别的同学好了一截，而且也喜欢读书了，后来，他考上了初中，也顺利考上了高中，并升入了大学。这位同事的读书经历也告诉我，对家里没有读书条件的孩子来说，只要有接触书籍的机会，就可能改变命运。因此，任何一个孩子要养成阅读习惯，要激发他的阅读兴趣，还有个好办法，就是给他创造阅读的机会，哪怕是去公共图书馆，或去其他场所。现在农村里有些地方有农家书屋，城市里有图书馆和各种书店，都可以让孩子接触到好书，父母可不要浪费这样的条件和机会。

　　当然，课外阅读要有自由，这是孩子的权利，千万不要把阅读当成课程学习，逼迫孩子去读某一种书。如果把适合孩子读的好书，像家里的家具一样常备着，课外阅读肯定能变成生活的一部分。这时候，任何一次阅读，都可能激发孩子对文字的兴趣，甚至会突然唤醒孩子心灵深处的某种潜能。

阅读训练要有方法

语文能力主要包括阅读能力和写作能力。阅读能力，就是文字的理解力。当然，这里的"文字"不是单纯指具体的一个个文字，而是文字组成的作品。会识字，有一定的识字量，而且也能懂得很多词语的意义，这是阅读前的预备，是最基本的文字能力。但真正的阅读能力，就是要读懂具体的诗、散文、童话、小说和戏剧等作品。要能读懂这些带着鲜明的特色的文字世界，解码其中的文字组装技巧以及写作者对生活经验的艺术转化，尤其是要透过文字的表象，读懂写作者对生活、对自然、对世界的理解。

一般说来，选进课本的文学作品质量都是比较高的，至少编者觉得它在某一个方面有特点，有一定的代表性。入选的课文，要么是主题突出，要么是有文采，要么就是文字技巧很好，甚至有名句，等等。还有的课文之所以能进教材，是因为作品有时代性，或者是作者有影响，属于名家之作。总之，课本里的课文对那些课外阅读体验多的学生，尤其是那些读了不少佳作和名著的学生来说，难度并不大。但对那些课外阅读少的学生来说，要读懂，要读出其内在的含义，要把整篇作品各方面都理解透，则并非易事。从这一点来看，语文课堂教学主要是帮助基础差的学生。教师对课文的讲解，主要是帮助那些阅读理解力不强的学生，而对那些课外阅读质量高、阅读理解力强的学生来说，是发挥不了多大作用的。

很多人不明白语文课的作用，不重视课外阅读和文字积累，仅仅靠课堂学习，自然很难学好语文。小学中学阶段所有的课程中，只有语文不仅靠课堂学习，还要靠课外大量的阅读和写作训练。如果想提高阅读理解能力和写作能力，一定要下课外的功夫。要知道，小学语文考试还是比较容易的，都是些记忆的东西。一般识字量够了，课文都背诵出来了，考试就容易得满分。但到了初中，仅靠背诵和记忆，就满足不了语文测试和考试了。因为到了初中，语文考试里对阅读理解能力的要求提高了，而且更具体了。

若研究初中语文考试的阅读理解部分，就不难发现，语文考试里阅读理解部分被分解成一些很具体的指标，然后再以题目的形式出现。比如，考查一篇文章的阅读，大致会提出两类问题：一是考查整体把握和概括能力的问题。如"文章的线索是什么""请用简洁的语言概括文章的内容"和"简要概括文中事物的特点或用途"等，考的就是对文章的概括能力，因此需要整体认识和把握文章，对文章的基本内容能迅速提炼出来，才能回答好这样的题目。二是考查对具体语言现象的关注和理解的问题。如"文章的标题有何作用""文中加点的词句有何作用""文中画线部分用了什么修辞""某一句话或某一段话在文中起何作用""文中某一段用的是什么描写手法""为何要引用李白的诗句""请问文中的形象有何特点"等，这些显然考的是对文章的具体部分的理解，因此需要细读文章，不但要注意标题、段落、修辞和某些特殊的表达方式，还要注意一些词语、形象和引用的材料等，要培养对具体语言现象的敏感性，还要对具体语言现象有充分的理解。课堂上对课文的学习要培养这种对文章的概括能力，课外阅读还要培养对文章的具体语言现象的敏感度。如果不在这些方面用力，深度阅读的能力就很难培养和形成。

因此课外的阅读不能停留在闲读上，还要自觉训练对文章的整体把握能力和对具体语言对象的理解力。有些学生课外阅读速度快，阅读量也很多，却没有质量，可谓囫囵吞枣，大概也是忽视了这些基本的认识，缺乏阅读能力训练的正确方法所致。

不要只记好词好句

有小学生朋友问我："怎样才能记住书中优美的句子，并运用在作文中？"还有小学生问我："怎样才能更好地推敲字词意思，把握好句子的用意？"也有小学生问我："阅读时，我一口气往下读，看了很多书，好像并没有积累什么优美的词句，我需要摘录好词好句吗？"听到这些问题，我觉得有些奇怪，为什么一定要记住书中的好词好句呢？难道阅读只是为了好词好句吗？难道书中除了好词好句值得我们去学习，甚至摘录，就没有别的更值得我们去理解和学习的吗？

但想了想小学生问的这些问题，又觉得不奇怪。因为无论家长还是有些老师，总觉得阅读一部作品或者一本书，尤其是阅读经典文学名著，最值得去做的就是记住其中的好词好句，而且最好摘录下来，在以后的作文中直接用上。有的家长和老师还鼓励孩子作文时要多抄一些别人的好词好句，认为这样才能让作文更优美。这种观点和做法其实并不好，甚至曲解了阅读的意义和价值。其实，读一部作品或一本好书，先是感受一点点，然后对其形式或内容有所感悟，再对作品的内涵有了理解，这样才能进入作品的情境，产生共鸣，体验感同身受的愉悦。因此读一部作品或一本书，更有意义的是理解自己所面对的文字世界，从字里行间感悟到更深层的情感和意义。当然，在进入文字世界时要经过语言的层面，并体会到语言的趣味和力量。所以阅读时只看到好词好句，这是表面的感受和认知。而且，所谓的"好词好句"并不一定是指那些生僻词语或者用了复杂修辞手法的句子，恰当的词语、有意义的句子才算是"好词好句"。有些句子看似简单，甚至是大白话，但在书中特殊的语境里显得很生动，甚至很有冲击力，这就是好句子。

不论读唐诗还是读现代诗，抑或读现代小说和散文，所谓的"好词好句"绝对不是只有那些诸如长篇小说《呼兰河传》里《火烧云》一样的段落才算是"好词好句"。"优美"的语言并不是特指用了很多修辞的语句，而更多的是一篇作品或一本书给人的整体语言感受。作品的语言整体上很规范，很典雅，有格调，同时文字里还蕴含着诗意和梦幻色彩以及作家内心里高尚的趣味，这些往往就构成了"优美"的品格。《火烧云》的景物描绘的确很好，值得借鉴和学习，但如果作文时简单地把这些风景描绘的段落和句子移植到自己的作文里，并不合适。首先，我们作文时的描绘对象并不都是"火烧云"，也不总是晚霞、朝霞，生硬地移植不一定对位。其次，即便我们需要描绘火烧云或者绚烂的晚霞、朝霞，也不能把萧红写过的文字移植进去，因为那样就涉嫌抄袭了。

其实，作文时要用什么样的词语和句子，要依据我们表达的需要。如果需要一种优美的表达，而且要表达得准确生动，自然要用一些描绘性的形容词和句子。如果需要的是简练的表达，就需要用平白的话语、简单的句式。但无论我们写什么文章，就算要用恰当的形容词和优美的句子，也不要用别人的，而要用自己的。自己组装文字，才能写出最能表达自己所见、所闻、所感的好词语、好句子和好段落。写作的最大意义也在于，你、我都认识 5000 个字，但我们写出来的文章各不相同，而且各有千秋，各具美感——这也就是语言文字的创造力。想要做到这些，自然要认真读书，而且要多阅读一些经典名著和名篇佳作。阅读名篇和经典，感悟文字之美，感受文字之魅，才能逐渐悟出写作的奥妙，才能懂得文字创造的意义和快乐。

读有心得才重要

有同学问："我在阅读时总感觉能读到不同的东西，但查完资料发现作者根本没有这种意思，可为什么我总感觉作者确实有表达呢？"这个问题问得很有意思，也是不少人课外阅读时一个真切的感受。

但首先我想说的是，当我们做课外阅读时，如果自己有所理解，就说明阅读有效果了。千万不要认为和作者的看法一致，才读得对。事实上，我们课外阅读的绝大部分作品，都是早已逝去的李白、杜甫、鲁迅、冰心等作家的作品，他们想什么，他们创作时有什么意图，我们都无法知道，也很难推测，即便我们找到了一些证据，也很难说作家就是这样想或那样想的。尤其是古诗词，作者的创作心态和动机，无论怎么举证研究，都不可靠。因此，读这样的作品，最重要的是要发挥我们自己的理解和想象。其实，在阅读诗、散文、童话和小说等文学作品时，我们自己对作品的理解并不需要作者的观点来验证。如果认为作者没有这种意思，自己不应该这么理解，那就错了。记住，作者写完了作品，意味着创造了作品及意义，但他不是作品的检察官和法官。

其次，我想说的是，这个问题也给我们三个方面的启发：一是任何一位作者，无论他是普通的作者，还是大师级的作家，他写出了作品，并不意味着自己能像读者一样理解自己的作品。也就是说，写作是一回事，阅读是另一回事。读者怎么读、怎么想，作者是很难干预的，也是无法替代的。二是任何一篇作品或一本书，不同的读者尽可以发表不同的看法，即便他的看法不对，甚至是歪曲了作者的原意，只要这个读者不是恶意的，都是可以接受的。三是作者并不能完全理解读者的心理和读者读出的意义。有时候作者并没有刻意去表现，但作品里的确是可以读出不同的意义的。显然，这三个启示也告诉我们，写作和阅读是两回事，不要简单认为作者说的就是读者要读懂的。读者对作品有自己的见解，而作者虽然有自己的创作目的和意图，但他会发现读者可能有不同的看法，而这看法也是读者的收获。

当然，对我们小学生来说，课外阅读时不能简单地理解作者说了什么，作者是怎么想的，作者为什么要这么写，为什么要在作品里这么表达。而应该多想一想这几个问题：一是"自己读了有什么具体感受"。二是"作者这么写有什么好，有什么不好"。三是"要是我来写，我会怎么表达"。四是"这个作品和我之前读过的相同体裁或内容的作品有哪些不同"。如果这样想问题，读的时候就会充分调动自己的感觉去理解、去辨别、去提炼、去发现。如果这样想问题，读的时候就会充分发挥读者的主动性，也能完全进入作品的情境，并能整体把握作品的特点和优点。

因此，无论是读课文还是读课外的作品，我们都要有充分的自信去把握和理解作品的意义，并且尽可能地读出自己的心得。千万不要认为作者是这么想的，我就应该这么理解。我们读作品，不是琢磨作者想什么，而是要建立自己的认识，形成自己的判断，即便我们的想法有些幼稚。

课外阅读要拓展

小学生的阅读大家都很关注，初中生的阅读也应该重视。初中生想要学好语文，要抓好课内阅读和课外阅读。但课内阅读是什么，课外阅读又是什么，不少家长和老师不太明白。

我觉得课内阅读主要包括两个方面的内容：一是语文教材里的课文。课文是语文课的抓手，也是一个媒介，语文老师要在课堂上和学生一起分享，一起分析，一起感悟，一起理解。把课文讲好是语文教师的基本功之一。当然，读懂课文，学好课文，也是学好语文的基本环节。二是合适的补充性作品。会讲课的老师不会在语文课堂上只讲课文，还会补充一些和课文相关的作品，组织一些拓展性的篇目，让课堂教学内容丰富一些，更有启发性一些。

而课外阅读，我觉得它也主要包括两个方面的内容：一是与课文相关的作家的作品，二是经典的作品。小学语文课文大部分属于儿童文学，到了初中，语文课本里主要是现代作家的作品，还有一些外国作家的作品和古诗词、古文。因此，课外阅读，可以拓展性地阅读这些课本里出现的作家的其他作品，这样有助于更好地理解课文以及更好地理解课本作家。现在市面上有一些课本作家的作品集，这些作品集就是学生课外阅读的好材料。但对经典作品的选择，不少家长和老师还不太明白，希望得到一些专家的指导。我觉得有四个很好的选择范围：一是中国古典文学作品的选编，比如唐诗、宋词、元曲的权威选本和《资治通鉴》《古文观止》这样的书籍。二是欧洲 19 世纪的文学经典，比如启蒙主义、浪漫主义、现实主义和批判现实主义等风格的代表作家的代表作。三是 20 世纪以来，获得诺贝尔文学奖的作家的作品，每位作家的作品选一两本读即可。四是虽然未列入前三个范围，但是对青少年的想象力激发特别有价值的作品，比如罗琳的《哈利·波特》、托尔金的《霍比特人》和《魔戒》等以及一些著名的科幻小说。如果初中学生读了这四个方面的书籍，课外阅读的视野就大大拓宽了，而且也能基本培养出深度阅读的能力。当然，课外读一读《少年文艺》《东方少年》和《中国校园文学》等适合初中生阅读的刊物，也很有助益。

叶圣陶在 1980 年 1 月写的《我和儿童文学》一文中就回顾说："我写童话，当然是受到了西方的影响。五四前后，格林、安徒生、王尔德的童话陆续介绍过来了。我是个小学教员，对这种适宜儿童阅读的形式当然会注意，于是有了自己来试一试的想头。"这几句，说明了两点：一是叶圣陶的童话创作是受到西方儿童文学的影响的；二是语文教师写作是非常有意义的，也是一种教育的自觉。无论教小学还是教初中，语文教师要提高自己的教学能力，尝试写作是有必要的。不过，我读了叶圣陶这篇回忆散文后，有一点感受，那就是初中语文教师要积累丰富的经典阅读的经验，对中外文学有很高的熟悉度。语文教师的读写能力过关了，也就有了指导学生的课内阅读和课外阅读的能力。但还要强调的是，课内阅读是语文教师的工作重点，而课外阅读则主要靠家长来推进。

叶圣陶在《中学国文学习法》一文里说过："阅读要多靠自己努力，自己能办到几分务必办到几分。不可专等老师给讲解，也不可专等老师抄给字典、辞典上的解释以及参考书上的文句。"初中生要抓好阅读，不但要认真听课，做好课内阅读，课外还要主动去拓展阅读，这是初中生语文读写进步的重要保证。

听书不是阅读

　　近几年，流行一种"听书"，就是有人通过新媒体平台，给人讲故事或者朗读一些作品，也有些是朗读整本书。我有不少小诗、散文和童话，都被人朗读，然后在一些听书 APP（应用程序）上传播。有时候，有人会告诉我，我的哪一首诗或哪一篇童话作品被人朗读了。说实在话，我一点儿也不高兴，并不是作品被人传播了就是好事。这种未经作者允许的新媒体传播，本身就可能侵犯了作者的著作权。即便这种朗读并没有商业用途，但也要经过作者的允许，不然的话，至少是对作者的不尊重。

　　不过，最令人担心的是，很多家长把这种听书当作课外阅读。其实，听书和听广播的性质是一样的，它只是通过声音传播来满足一些人听故事、听朗诵的需求，这和读一本书、读一篇文学作品是两回事。孩子的课外阅读，就是要读书，读最适合他们的童书和名著，读少儿杂志或少儿报纸。无论是读一本书，还是读一份报刊，阅读都意味着是面对文字世界，用眼睛去看，然后再调动全身的感觉去理解文字世界，去进入文字的情境里，去体验作者的经验、情感和思想。孩子读书时，有两点是值得注意的：一是他们面对的是经过作者创作，再经过编辑审阅和加工的文字作品，因此一般来说，每一句话，甚至每一个字词，都是比较准确或比较生动的。也就是说，阅读书籍和报刊，从文字质量上来说，是相对可靠的。二是阅读是先通过视觉来认知对象，然后再调动别的感觉去感知、认识对象，这与正常人认知世界的规律是一致的。听书，则是先通过听觉去感知对象，这只对那些无法先用视觉去感知对象、认识世界的人才有意义。但大家要知道，过去之所以有很多人爱听广播，是因为那时候很多人不识字，无法通过文字和阅读作品去认识、理解生活和世界。从这个意义上来说，听书对盲人和文盲是最有用的，但对那些视觉器官发育正常，且具有文字基础的人来说，却不是最好的理解文字世界的方式。

当然，听书也不是一无是处。有些家长喜欢让孩子去朗读别人的作品，然后在一些听书APP上传播，不过是玩玩朗诵的游戏。这样的寻开心，未尝不可。还有些家长听书，只是因为在开车或者在忙别的工作，没有足够的时间去读一些书，于是，以听书来替代阅读，这不过是一种好奇心的满足，或是一种和听歌一样的需求，不是真正意义上的阅读。

在小学阶段，家长尤其要重视纸质图书的阅读，因为无论是语文还是其他学科，都需要学生有耐心面对纸质书籍的习惯，而且从小学到大学，几乎每一门课，每一次考试，学生都要面对课本、参考书、试卷、练习册等，都要去读一行行的文字，一道道的题目，一段段的短文，还要认真地去审题和写作。不然，是无法顺利地完成学校教育的。因此，家长和孩子可以一起听书，但却不可以把听书当成孩子的课外阅读。

书不是这样读的

去成都给一个教师培训班做讲座，主办方负责人临时对我说："谭老师，您能给孩子们讲一堂课吗？"我说："可以。"于是，在正式给语文老师做讲座之前，主办方安排了一个班的学生，由我给他们现场讲一节诗歌课。孩子们很可爱，都是小学三年级的学生。

在开讲之前，我与孩子们交流，问他们平时都读了什么课外书。一连问了五六个孩子，他们的回答都让我感到惊讶，因为他们说出的书名都是《动物百科全书》《十万个为什么》等知识读物、科普读物、百科全书和科幻图书，没有一个孩子说他读过世界儿童文学名著。课后，我想，为什么孩子们读的都是知识读物？无非两个原因：一是在家里，爸爸妈妈买的书就是知识读物。二是在学校，语文老师推荐他们读的也是知识读物。不然，这些孩子怎么会那么一致地读这类的书。

由此，我也想到现在很多家长和语文老师对阅读的一个普遍看法：读书是为了学知识。甚至很多阅读推广人都认为读课外书是为了学知识。读书的确可以学知识，但读书的第一目标不是学知识。如果只是为了学知识而读书，那么，读书可能就变成了功利性阅读，而不是真正意义上的读书。很多家长给孩子买书，首先选择的就是他们认为最有可能提高孩子学习成绩的图书。然后他们才会选择孩子爱读，也能教育孩子的图书。于是，在孩子的课外阅读中，那些知识读物，还有那些讲道理的教育色彩很浓的图书就占了很大比例。还有些家长喜欢买拼音读物。他们认为拼音读物可以让孩子学拼音识字，同时，也免得家长自己给孩子读书。

显然，以上这些对读书的看法和做法都不太正确。读书，尤其是读经典的儿童文学名著，它的过程是感受、感悟、感动、理解，最后才有审美能力的提升、想象力的张扬和创造力的培育。如果一个人读书不是经历了这样一个过程，就谈不上是真正意义上的读书。如果经历了这样一个读书过程，知识习得就自然而然地完成了。因此，所谓的"读书是为了学知识"，其实是只要融入整个读书过程，并且完成整个读书过程就能自然达到的目标。如果我们一开始读书，就抓住里面的知识点，就要学习某方面的知识，那即便是真正的读书，也是很难享受阅读的快乐的。我们做科研，查资料，有时候是要直接寻找所需要的知识点和信息的，但那不是轻松的阅读，不是追求审美愉悦、精神放松的读书。

我觉得，在孩子爱读书，对知识渴求的阶段，更不要刻意过多地给孩子读知识读物。应该让孩子多读适合他们的世界儿童文学经典。经典是最可靠的，经历了数代读者的检验，而且儿童文学经典符合孩子的阅读趣味，能够引发和培养孩子对文字世界的兴趣。多读经典，让孩子爱上阅读，同时也可以让孩子在阅读中培养理解力、审美力、创造力，也张扬想象力，舒放自己的性情，最后也能达到长知识、长才干的目的。

如何高效阅读

和一位小学语文老师聊天，她带的是六年级学生。她对我说："我这边的学生底子薄一些，（六年级）课业难度大了，语文课文也长了，而且面临小升初的压力，因此，不少同学课外阅读做得少，阅读理解能力不够，影响了语文成绩。"

于是，我就想聊聊六年级学生如何高效阅读的问题。我来给大家讲一讲我女儿的经验。

七年前，大女儿上初一，她的学习状态很好，学习成绩是全年级第一。语文老师夸我女儿，说她很爱读书，爱思考问题，也愿意主动去帮助同学。我想起来，大女儿在小学阶段，语文、数学和英语几乎每个学期考试都是满分，而且是班级，甚至全年级第一名，还被评为北京市三好学生。她不是天才，也不是那种语数英学习成绩好但音体美很差的偏科学生。女儿的阅读能力很强，到了小学六年级几乎可以在几个小时内就读完一本 10 万字的儿童小说或童话，而且读完后，她能讲得头头是道。比如《哈利·波特》系列丛书，她读得很轻松，几乎一口气，几天就读完了。因为课外阅读多，语文课文对她来说就很简单。在她看来，语文课文篇幅短，而且没有什么难词难句。她是不是有什么阅读的窍门呢？应该说，有。根据我的体会，如果说她有什么窍门，也无非是三点：

一是她有很好的读书习惯。她几乎不读那些乱七八糟的童书，班级流行的童书她翻一翻，但看不上，只爱读经典。她从小学三年级开始就读《爱的教育》《小公主》《窗边的小豆豆》和《小王子》等世界儿童文学经典，而且读的是整本书，她每次读书，都会认真读，用心地读，几乎不受外界的干扰。她读书时，无论是在自己的房间，还是在爸爸妈妈的房间，我们都不打扰她，不对她指指点点。另外，我们也不让她写什么读后感，更不要求她回答什么问题，讲什么道理。每天她放学回家，第一件事就是完成作业，到了晚饭后，她想读自己的书，就读自己的书。二是她也会经常读一些少儿报刊。她对我说，五、六年级的学生读一读《儿童文学》这样的少儿杂志，对语文学习和作文很有帮助，因为少儿杂志里的文章比较短，很多都是一两千字的文章，读一读，很锻炼快速阅读能力，能够让自己在很短时间之内找到文章的特点和意义。另外，少儿报刊里的一些短文，综合知识比较多，读一读，能够补充语文课的不足。三是她在读短文时，如果是观点比较鲜明的文章，她会注意抓关键词、关键句，这样读多了，就能很快抓住文章的核心观点，并找到最能表达文章内容的词句。如果是记叙文，故事性强，她就很注意故事的情节，故事的扣，故事的悬念，故事的结果，还有故事里主人公的性格与特点。她说，抓住了这些，故事读完了，意义也就理解了。也就是说，女儿在读散文、童话和短篇小说时，会注意不同文体的特点，找到最值得自己领会的形式和内涵。实际上，女儿是带着思考去读，而不只是为了消遣。如果仅仅是消遣，她就很难通过对少儿报刊的阅读来提高理解力。

六年级时，因为有很好的阅读基础，女儿学习很轻松，几乎没有因为小升初有什么压力，只是按部就班地学习、读书，然后就顺利地毕业进了非常好的初中。

现在，有人提出"海量阅读"，也有人提出"主题阅读"。仔细想一想，这些都是功利性阅读。阅读能力的提高是有一个过程的。而读书需要认真，在识字量不多，理解力不够的时候，就要慢慢读，用心读，读懂、读透，才能体会到快乐，才有收获。等到识字量大了，理解力也强了些，就要尽量读整本书，或者多读一些优美生动的文章，培养自己高雅的阅读品味，给自己的阅读增加一些难度。如果一开始读书就要追求"海量"，就要扣着"主题"读，那还有什么兴趣和快乐？因此，无论中低年级学生，还是高年级学生，要真正提高自己的阅读能力，做到高效阅读，就要耐心坚持，多读书，读好书，让美的文字充实空闲的时光。

高效阅读，意味着坚持不懈地阅读，意味着读懂、读透，也意味着想象、思考与创造。

如何精读与略读

小学语文课本里每个单元一般都有四篇课文，其中两篇为精读课文，另外两篇为略读课文，也有的单元是一篇略读课文。比如说，四年级上册第一单元有四篇课文：第一篇为《观潮》，第二篇为《走月亮》，第三篇为《现代诗二首》，第四篇为《繁星》，按照课本的提示，第三、四篇为略读课文。

语文老师对待精读课文和略读课文的态度是不太一样的，对精读课文，要精讲精练，不但要把生字、生词和难词难句都提炼出来，细致讲解，还要强调预习和复习，并要求反复练习，讲完课后要布置作业。而对略读课文，则大致讲一讲，好像不太重视。而考试时，知识点也主要是从精读课文里提取的。根据我对语文课本的研究，我认为不应该简单对待精读和略读课文，而要根据精读和略读课文本身的语文价值来处理。比如，前面提到的《繁星》是巴金的散文，写得很优美，很适合做描绘性散文的范例，如果语文老师认真讲解，和学生一起欣赏它的美，尤其是它的描绘手法和修辞，会对学生如何绘景很有启发。又如，四年级上册第四单元的四篇课文分别是《盘古开天地》《精卫填海》《普罗米修斯》和《女娲补天》，都是神话，而且都是很简短的故事，无所谓精读和略读，都没有深刻的道理，而且语言都很平常，生字难词少，修辞手法也很少，都不需要精讲。此外，有的精读课文，从文字的优美度上，并不如略读课文，而且里面的知识点和语言点也不如略读课文，这时候，应该把略读课文拿出来进行精讲，这样更有利于学生语文读写能力的提升。因此，建议学生在学习语文课文时，应该对精读和略读课文一视同仁，都认真阅读和思考，尽可能充分利用这些阅读材料，特别是对那些缺乏课外阅读材料的学生来说，每一篇课文都是很重要的。

当然，就课外阅读而言，精读就是要认真读。比如，读单篇作品，就要从第一个字认真读到最后一个字；而对整本书而言，就要从第一行开始，一直认真读到最后一行。精读作品时，如果有不太明白的生词，一定要查阅词典，把意义弄明白；精读作品时，不但要理解作品里传递的信息，还要理解作品里的情感、思想和美，而且要注意这些情感、思想和美是如何表现出来的。另外，精读之后要有进一步的思考，甚至要有专题研究。课外读《红楼梦》《水浒传》《西游记》和《三国演义》等老师指定的整本书，包括读那些儿童文学经典名著，最好是以研究的态度去阅读，这样才会注意某些细节，琢磨某些特殊之处，才有积极的思考和深度的理解。

课外的略读，就是简单地读一读，以拓宽阅读面为前提，并不苛求全部读懂、读透，也不苛求研究性阅读，更不苛求读后有进一步的思考和写作。以我个人的经验，条件允许，不妨订两份儿童报刊，供闲时翻阅、浏览，可以补充课外的略读。

但无论是精读还是略读，都应该认真去体会文字之美，去感受文字背后的意义，并尽可能理解这篇作品的独特之处。不然，略读就会变成无效阅读，只是浮光掠影而已。

怎么读整本书

现在，中小学都倡导整本书阅读。对整本书阅读，很多家长和老师认识不到位，以为要培养阅读兴趣和能力，只要读整本书就行了。其实，语文课本身就是整本书阅读，只不过，是在一个学期内老师和学生一起读一本语文课本。另外，大家提倡的整本书阅读，是不适合在课内进行的，有的语文老师在语文课堂上进行整本书阅读的教学，这不科学，因为课堂的时间有限，不适合做整本书阅读教学，还容易造成学习焦虑。我去过台湾省，那里的小学每周才四五节国语课，每周都开一节阅读课，但都是对一本已经在课外读完的书籍的分享，或者是对未读的一本书的导读。

课外阅读既可以读单篇作品，读刊物和报纸，也需要读整本书。当然，对整本书阅读的重视，也意味着语文老师要在好书推荐、阅读指导方面发挥作用，但不宜过多干预学生课外的整本书阅读。因为既然是课外阅读，就要尽量给学生阅读的自由，让他们读自己想读，也读起来很开心的好书。那么，对学生来说，怎么做好整本书阅读呢？面对一本名著，要怎么读呢？下面，我以《八十天环游地球》为例，简单提供一些思路，可能会对课外书的阅读有些启发。

《八十天环游地球》是法国著名科幻小说作家凡尔纳的名作，在我国几乎家喻户晓。但对这样一部科幻小说，怎么读才会更有效呢？我觉得首先要自主阅读，不设目标。然后再来思考一些问题，以促进理解，并达到深度阅读的效果。比如，不妨对小说里的故事进行分析，可以用读后感的方式讲一讲这本书是怎么讲故事的，故事起因是什么，故事结局是否合理，等等。也可以对小说的主题做一点儿分析，想一想这部小说里的主题有哪些，为什么作家要思考和反映这些主题。还可以对小说里的人物进行分析，厘清人物关系，并思考这些人物关系对推进故事发展起什么作用，这些人物哪个刻画得最鲜明，哪个在矛盾冲突中的作用最大。对小说里的人物的理解，是阅读长篇小说最重要的工作，如果不理解人物，不明白小说的形象塑造，差不多就等于一点儿都没读懂。当然，对《八十天环游地球》这样的科幻小说，搞清楚小说里的知识网络也很重要，比如：主人公英国人福格在 80 天内自西向东环游地球一圈，要经过哪些地方，要涉及哪些知识，是否可以画一幅思维导图。另外，这部小说里有哪些科学预测，今天它们是否都变成了现实。这些科学预测和预言，今天是否还有意义……

如果要像评论家那样去读整本书，尤其是读《八十天环游地球》这样的长篇小说，那么小说里的时空（时间线索，空间转移，地理路线，等等）也值得去推敲和分析，而且还需要对小说里的精彩部分、最有创意的地方进行归纳、总结，提出自己的看法。如果学生还有兴趣，不妨再结合小说的阅读感受，做一些创意写作训练，比如从所读的书里寻找创意点，启发创意，进行训练。如果学生特别喜欢这部科幻小说，可以向老师申请，在班级里和同学交流阅读体会，甚至在读书活动或阅读课上主动和其他同学一起互评、讲评。这样既巩固了阅读时自己所领会和理解的东西，同时，也可以通过阅读分享体会交流的快乐。

读整本书当然不只是为了理解一本书和提高阅读理解力，更重要的是培养探求精神和优雅的阅读品味，同时，也可以培养耐心和毅力。

不读书怎么进步

　　记得 2010 年 10 月，我获得了第五届鲁迅文学奖，成为国内第一个以儿童文学理论著作摘得中国最高文学奖的学者，也是国内高校学者中获得鲁迅文学奖的最年轻的一位。当时，有好几家报刊约我写获奖感言，让我谈谈自己获奖的原因，谈谈自己的文学道路。

　　获奖算是幸运，当然也有多方面的原因，但细细回想，促进我学习、工作不断进步的最基本因素就是读书。记得小时候就渴望读书，那时候生活在偏僻的乡村，虽然也读了一些书，但课本以外能够得到的图书太少了。多亏我的大姨父，他是一位小学校长，自己爱读书，也愿意给表哥买书，于是，我就跟着表哥读了很多中外名著。爸爸也偶尔给我一点儿零花钱，我从来都舍不得去镇上的商店买糖果和糖包子，而是去了新华书店，把艾青、冰心、泰戈尔等的诗集、散文集买回来，在课间读，在夜晚的油灯下读，在劳动的间隙读……渐渐地，我不像同龄的孩子那么淘气，而是更愿意沉静地阅读、思考，并渴望走出乡村，到遥远的大城市里去上大学，去生活。记得有一次，爸爸给了我两元钱，我步行十多里，到镇上的新华书店买来了当时书店里仅有的冰心的《寄小读者》、泰戈尔的《飞鸟集》，还有湖南作家鲁之洛的《览奇集》、李少白的儿童诗集《捎给爱美的孩子》等几本新书。回家后，坐在老屋门口或树荫下，读着这些清新鲜美的作品，我心里萌动了创作的胚芽，我开始模仿着这些作家的口吻写一些小诗，写一些小散文。那时候不懂什么是意象，也不懂什么是借景抒情，就知道要像大作家一样去写自己看到的，去写自己思考的，去表达自己的内心。当然，我也陆续读了其他很多新书。于是，小小的我就有了一些文学的感悟能力，就有了一些别的孩子所没有的审美的眼光。

到了初中，学业任务重了，老师为了让我们能够多几个考上高中，早晨要早读，晚上要自习。班主任经常搬一个凳子坐在教室门口，看着我们，好让我们多背语文课文，多做数学练习题。但紧张的学习之余，我依然坚持阅读文学作品，有了零花钱就去买一些名著来读，于是，普希金、叶赛宁、雪莱、叶芝、拜伦、雨果、托尔斯泰、杰克·伦敦、巴尔扎克、马克·吐温和海明威等作家的名字和作品就深深地印在了我少年的脑海。我知道，除了课本知识，还有另外一个文字世界，那就是文学世界。它非常迷人，它能让你认识人生，了解世界，还能教育你生活，告诉你为人处世，教会你审美，熏陶你的心灵，让你的情感更加细腻、柔和。

初二时，我就悄悄地开始了自己的文学写作，虽然不敢投稿，也不奢望发表，但那时每次写作的激情和兴奋，却是一辈子都难以忘怀的。大学时候我才在《飞天》发表处女诗，到三十二岁就加入了中国作家协会，也开始出版大量的文学作品。小时候读书的经历，是我一生的精神财富，也是我四十二岁获得鲁迅文学奖的最初动力。

现在，每次和学生聊天，我都愿意和他们分享读书的一些收获和体会。到小学和孩子们交流时，我也喜欢分享小时候读书的故事。现在，工作繁忙了，遇到的琐碎的事也多了，但每次翻阅一本书，心里总有一种满满的安稳和踏实的感觉。

读名著特重要

　　童年期是人生最重要的一个时期，特别是小学阶段，读什么书，如何读书，都是值得注意的。童年的阅读奠定一生，这句话似乎大家都明白，但在实际的教育和成长之中，又不一定真正明白。比如说，不少小学生很爱读书，但不知道读什么好，而且中外名著浩如烟海，哪些是适合自己读的？哪些可以反复读，天天读？这些都可能困扰他们。家长和老师也知道课外阅读的好处，但如何指导孩子读书，让孩子读什么书，读书应该掌握什么技巧，他们很多人也觉得迷茫。正是基于这些原因，几年前，我致力于儿童阅读研究，带领一个专家团队，不但开发儿童阅读材料，而且应邀到各地学校、公共图书馆，做了一系列关于亲子阅读、如何打造书香校园及如何读书写作的讲座。很幸运的是，每一次讲座都受到了老师、学生和家长的欢迎与好评。

　　童年期的孩子课外阅读很重要，但到底应该读什么书呢？我个人的看法是，小学阶段，最好给孩子读三类书：一是中外名著，当然，中国文学名著里，总体来看，真正适合儿童阅读的不太多，因此以欧美儿童文学名著为主，因为欧美儿童文学名著有400多部，涉及各种文体，能够充分满足儿童课外阅读的需要。中国文学的一些经典，需要请专业人士进行儿童化改编和压缩，再提供给儿童读者。二是最新的优秀儿童读物。这类书，包括一些国内少数畅销童书，还包括一些中青年作家写的很生动活泼的儿童小说、童话、散文、诗歌和寓言等。

三是一些思想内容健康、知识和趣味兼备的杂书。杂书的面很广，文史哲和科学领域里的书，只要适合儿童阅读，只要知识比较准确，有一定的趣味性，文字也比较流利，都可以拿过来读一读。我小时候的阅读，就是以前两者为主的，那时候条件有限，只能接触200来种中外文学名著，不过，我能接触到一些最新的文学期刊，还能从儿童报刊上读到一些当时的儿童文学新作，买到几本当时比较新的儿童图书。其他适合儿童阅读的好书，涉猎不到。现在想起来，也是一个遗憾。但也正是因为读了一些经典名著，才有了今天我对文学的一些理解，才会让我在创作和理论研究上取得一些成绩。

阅读是吸取精神营养，它和吃饭有相同的道理。吃饭讲究营养均衡，要吃多种食物，不能过分挑食，才能保证身体健康。而且，吃饭要尽量细嚼慢咽，把营养尽可能地消化，才不会浪费粮食。课外阅读也要讲究营养均衡，经典名著是主食，其他读物是副食、杂粮，要注意"主食"和"副食、杂粮"的搭配，也就是说，既要多读名著，还要广泛涉猎其他内容健康的读物，扩大阅读视野，拓宽知识面。同时，无论读名著，还是读别的书籍，都要认真品味，耐心思考。古人说"读书破万卷，下笔如有神"，就是告诉我们，读书要多，而且要读懂读透，吸收消化后才能转化为自己的营养，才能使自己善写，有神来之笔。古人还有一句话叫"行万里路，读万卷书"。这句话也值得我们思考，它告诉我们，不但要注重社会实践，到社会里去观察，去体验，获得直接的经验和知识，还要多读书，读好书，从书本中学习间接经验，把前人的智慧和思想吸收为自己所用。

在众多的书籍中，为什么名著才是主食呢？这个道理不用多讲，很多人都明白。名著，就是经典。什么是经典呢？意大利作家卡尔维诺在《为什么读经典》一书中，对"经典"这个概念做了很好的解读，他给"经典"下了十四个定义。他下的第一个定义是："经典是那些你经常听人家说'我正在重读……'而不是'我在读……'的书。"这个定义非常妙，"正在重读"说明经典不是那些一时流行的读物，而是随着时间的流逝，它的价值被反复发现，而且被人反复品味阅读的书。卡尔维诺给"经典"下的第四个定义是："一部经典作品是一本每次重读都像初读那样带来发现的书。"它告诉我们，经典是常读常新，经得起反复解读，而且不同的人有不同的看法，不同的年龄来读也会有不同的感受的。卡尔维诺下的第九个定义尤其值得我们学习和领悟，他说："经典作品是这样一些书，我们越是道听途说，以为我们懂了，当我们实际读它们，我们就越是觉得它们独特、意想不到和新颖。"我个人觉得，经典就是经过时间淘洗，而且经过了读者反复阅读检验而被认为是真正代表了人类诗性和智慧的文艺作品。如《小王子》《吹牛大王历险记》《青鸟》《王尔德童话》《小熊温尼》《列那狐的故事》和《克雷洛夫寓言》等，都是经过了数代读者的阅读检验的，是可以跨越时空而接受新的审读的。

德国诗人歌德说过："读一本好书，就像和一个高尚的人谈话。"一部经典名著，就像一个高尚的人。接触它，认真阅读它，就像和一个高尚的人谈话，不但可以学到很多人生的知识，懂得很多生活的道理，而且还能学会做人，让思想得到洗礼，让精神得到升华。我主编了一些童书，都受到了儿童读者的喜爱。几年前，我与北京燕山出版社合作，专心致志地主编、翻译和改写了一套外国儿童文学名著，就是希望给儿童读者提供一份好书的菜单，让童年的生命得到名著的滋养。

那套名著共 20 部，包括上面提到的几种，它们大多数家喻户晓，滋养了几代读者，但这一次集中地亮相，也是用心安排的。现在书店里，各类名著改编改写和重译的版本很多，但其质量却参差不齐。有些版本，因为是名家翻译的，质量当然没问题。但大量粗制滥造的系列图书的确让人担忧。我们这一套外国儿童文学名著，为了方便小学生阅读，每本都尽量保持在 5 万字左右，同时配以精美的插图，无论翻译还是改写，都尽量忠实于原著，而且做到文字优美，内涵集中，不流失最精华的部分，让读者能充分享受到阅读的乐趣。

读名著，读经典，是纯正阅读。读新作品，读新书，属于流行阅读。童年期的阅读，还是要以纯正阅读为主，以精美的名著引领成长，以优秀的文字来养成良好的趣味。在这个基础上，读些杂书，多了解一些社会，眼光就不一样了，心态也不一样了。所谓"站得高，望得远"，读名著，犹如登上了高高的山峰，那时候，就能体验"登东山而小鲁，登泰山而小天下"的快慰了。希望儿童读者都能充分享受阅读名著的快乐，从美好的文字里找到方向、获得力量！

第四辑

读写要结合

怎样才能读写结合

有一次，和青岛的初中语文教师高旸老师交流（她也是一位优秀的儿童文学作家），我和她谈到语文学习的问题时，她对我说现在不少学生读写有问题。她还认为学生读写不能结合，主要表现在以下三个方面：

一是读书不能学以致用，不会应用到写作中来。二是课余时间被辅导班大量占用，没有时间体验生活。三是作文的选材很老套，不会描写，语言苍白。

高老师说到的这三个方面的问题，我也认同。就我了解到的情况，不少学生读书和写作是两张皮，很难结合，而且写作能力很差，小学生基本上难以顺利完成400字的作文，初中生难以写好600字的作文，而不少高中生高考作文会丢不少分。也就是说，不少学生学了12年语文，写好800字都难。我感觉出现这种情况，语文教育肯定也有一些问题，但更主要的原因还是在学生身上。我归纳了一下，这些学生身上的原因大都是这几个：一是课外阅读很少，有的学生甚至根本没有课外阅读。还有的学生即便课外读了几本书，读得也很随意，所读的书和作品都不是很有质量的，完全是为了消遣才翻一翻，浏览一下。这种没有质量的课外阅读，读了也不会提高阅读理解力，更难以激发对读写的兴趣。二是不少学生的课外时间都被父母安排满了，周末和寒暑假要上各种辅导班，父母用辅导班来替代家庭阅读和家长对孩子的指导，因此，学生根本没有时间去读自己爱读的书，也没有时间去读名著和名作。有的学生确实读了一些课外书，但也只是语文教师规定的或父母指定的书。由于失去了阅读的自由，挫伤了学生阅读的积极性，有些学生甚至会因为老师和家长的刻意安排而产生逆反情绪，因此阅读效果并不好。而且，这种被安排的生活状态也使得一些学生缺乏对生活的饶有兴趣的细致体验，因此内心枯干，自然也就缺乏想象力。要知道，审美之情趣的发生，是在心灵自由的状态下才会有的。三是不少学生对语文学习的认识不够，有的以为学语文只要背诵好课文以及多做练习就行了。而且有的学生背诵唐诗宋词和古文，只是为了考试，而不考试的现代诗、儿童小说和现代散文等就不会去背诵。对语文学习过于功利，也是因为对语文的理解过于简单。我认识的一些家长，他们只给孩子买教辅读物，不买人文经典。还有一些家长认为多做题学习就搞好了，没有把兴趣培养、理解力提高和语文学习结合起来。当然，还有不少农村的学生，他们没有条件读课外书——有的要参加劳动，做大量的家务，有的要照顾弟弟妹妹或承担家庭里其他职责，还有的家里没有购买课外书的经济条件，也没有好的学习环境。

其实，要抓好语文学习，搞好读写结合，我觉得注意四点即可：一是课外多阅读，多读好书，与优美的文字相遇不但容易培养对美的文字的敏感性，还会培养美的兴趣与高尚的读书品味。二是家庭要有读书氛围，父母要给孩子提供自由阅读的机会和时间，要把课外阅读的权利和自由还给孩子。当孩子有了安静的环境，有了沉浸在文字里的自由，他的阅读也就不会是走马观花，不会是看热闹了。三是读了好文章，读了好的作品，要动笔去写，去表达看法，写出自己的联想、想象以及批评。由阅读而产生的写作冲动，一定要珍惜。每次有了表达的愿望，有了写作的冲动，千万不可浪费，而应该立即行动起来动笔写，写到自己满足或满意为止。有些学生不爱写，不主动练笔，读和写就无法联系起来，因此读得再多，也很难真正消化和理解。要知道，写作是可以促进阅读的。

　　以上是关于读写结合的一些看法，仅供学生参考。当然，学好语文，有效实现读写结合，还是要有切实的读写行动。

读与写紧密关联

  我特别喜爱和小朋友交流写作和学习的经验与体会，所以每当有中小学校邀请我去做讲座，我都会欣然前往。在深圳南山区的一所小学做讲座时，我收到了一个小朋友的字条，上面歪歪斜斜地写着：看什么样的书可以写出好作文？当时因为安排的时间很紧，就没有回答这个问题，但我一直保留着这张小字条。我想这样的问题很多小朋友一定都问过。记得我自己小时候也向老师问过这样的问题，那时候多么想通过读几本书就解决写作文的问题呀！

  在回答这个问题之前，我想分析一下这个问题背后的心理。问这样问题的人，我想都有一种想走捷径的愿望。那么作文有没有捷径呢？肯定没有。那是不是读几本教你写作文的书就能写好作文呢？也不是。你也许会反问：如果读教作文的书也解决不了写作文的问题，那作文书还有什么用呢？如果你这样问的话，就有点儿急躁了。作文有方法，比如多读书，尤其是课外的文学阅读非常重要。如果你不读书，没有一定的阅读量，你的语言感受能力和对文学内涵的感悟能力肯定难以一下子提高。不会感受，不能感悟，怎么谈得上用文字表达呢？当然，多读书，也不是说你读书的数量多了，写作能力就能提高；多读书，不但指你要经常读书，把课外阅读变成你的一个良好的生活习惯，把课外阅读当成你日常生活的一部分，而且还需要你在读书时专注、思考，如果你不专注，不认真思考，那么你读得再多，也是没有消化好书中的精华，没有吸收书中的营养。我记得我小时候特别爱读书，尤其喜欢读《儿童文学》《少年文艺》和一些少儿报纸上的精短文章，读的时候一边领会文章里的思想内涵，一边想：要是我也能写出好文章并能够在报刊上发表就好了！我经常这样想，这就驱使我模仿着去写作，我记得自己曾经模仿严文井的《小溪流的歌》写过一篇歌颂小溪流的小短文，还投给了长沙的《小溪流》杂志。在作文课堂上，我总想写得比别的同学好一些，总希望得到语文老师的表扬。这种心理鼓舞了我，激发了我，让我每一次写作文时都挖空心思，绞尽脑汁。由于每次我都很认真地对待作文，而且总想写出达到发表水平的文章，后来终于获得了语文老师的肯定，我的作文经常被点名表扬，还被当作范文在作文辅导课上朗读。

上面我讲的这些，其实并没有跑题，你想想看，作文怎么也不会无缘无故地变好。当然，说到读书，我建议你要选择适合自己阅读的好书，这些好书也包括一些优秀的少儿刊物。我不赞成少年儿童去读大部头的名著——厚厚的几十万字的小说，你没有那么长的时间去细心阅读，而且你也不可能在这么厚的书中耐心地寻找你需要的营养。很多人读长篇小说都是为了消遣，而且长篇小说那么长，要写得引人入胜，就要在情节上下功夫，因此这就意味着你可能在读长篇小说时，仅仅是跟着情节走，而不是跟着思想走。当然，想要写好作文，还有必要读读别人写的好作文，比如一些作文杂志上刊登的同龄人的作文，比如少儿报刊上刊登的同龄人的习作，都值得去读读，去学习。学一学别人是怎么表达内心感受的，学一学别人是怎样描述事物的，学一学别人是怎样描绘景色的，学一学别人是怎样抒发情感的……这些对你来说，都是必要的。如果你想写好作文，却不想去读别人的文章，不想去学习别人的优点，除非你是天才。

　　但你要知道，天才生下来的时候，和你一样都是不会说话、不会走路的小婴儿！天才也需要学习，才能把天才的成分放大，才能真正变成天才式的优秀人才！所以说了这么多，我都是在强调一点：写作文是需要读书的，需要读一些适合你读的文学作品，也需要读一些你的同龄人写的作文。所谓有比较才有鉴别，读别人的作品，至少可以发现自己的写作和别人相比还存在哪些差距。

　　读也好，写也好，最终要落实到写上面来。如果你不常动笔，如果你不多练笔，你怎么能写好呢？你说你阅读量很大，你说你写作水平很高，可是如果你不写，也写不出来，别人也不会相信你。

中年级读写怎么抓

按照一般的教学进度，小学三年级就要开始作文，教材里要求学生写日记，编童话，续写故事，学习描绘，记录生活趣事，写观察日记和个人想法。也有些小学，老师会在二年级时就开始布置习作。但不少三年级的学生很难由写话训练一下子转到习作训练上来，甚至到了四年级还是写不出一个生活故事。以至于有的语文老师觉得学生底子很薄，抱怨这些孩子读书太少，没法教好。家长自然也非常着急。

这种抱怨是有一定道理的，因为三年级开始习作训练，是有三个前提条件的：一是经过小学一、二年级的语文学习，学生积累了一定的词汇，也有一定的识字量，有了读短文、短诗的能力。尤其是那些和语文课文字数、难度差不多的短诗、短童话和寓言等应该都可以读懂。二是通过语文课上识字、解词、造句的学习，有了一定的文字组装的基础。三是每次的写话训练如果学生都认真完成的话，那么基本的语言表达应该是可以的。因此，小学三年级开始习作是符合语言学习规律的，是比较科学的。小学生到了三年级，就应该自觉抓读写，不能抱怨语文习作难，也不能回避文字表达能力的培养。也就是说，三年级就应该要学习作文，练习写儿歌、小诗，学会讲故事了。而且，要一边抓习作训练，一边抓课内课外阅读。

三、四年级的学生想要快速进入习作环节，就要先抓好课内阅读，提高对课文的理解力。显然，习作比写话难度大多了。写话，只是比较简单的文字表达，即把自己想说，也能说出来的话，通顺地写下来。但习作，就要写一篇完整的作品——当然，这篇作品可以是一首儿歌或一首小诗，也可以是一篇100字左右的生活故事、童话或寓言。这就意味着学生要有一定的对文体的认识能力，知道什么是儿歌，什么是小诗，什么是童话，什么是寓言，什么是生活小故事。因此，学生要注意每篇语文课文的特点，仔细看看儿歌、小诗、童话、寓言和生活故事之间有何不同，并且学习这些作品不一样的表达方式。比如，读儿歌时，要注意它很顺口，很押韵，适合朗诵。读《听听，秋的声音》《童年的水墨画》《花牛歌》这样的小诗时，要注意它的想象力，想想诗人是如何联想、如何想象的，自己是不是也会这样联想和想象。而且读语文课本里的诗时要注意它的画面感，一般每首诗里都有一幅画面，想想自己是不是可以画出来，或者用语言描绘出来。读《在牛肚子里旅行》《我变成了一棵树》这样的童话时，要琢磨童话里的形象和生活中的人有哪些不一样，哪些是一样的。读《伊索寓言》《克雷洛夫寓言》和《陶罐和铁罐》这样的寓言时要思考它为什么要讲道理，它是怎么讲道理的。读课文时习惯这样思考，对课文的理解力就不一样了。这样思考，这样来学语文，就能慢慢培养起来文体意识，建立起不同文体文字组织的规则和方法。习作，就是在学写作时的简短文字的训练，是最初的文字组装游戏。随着习作练习的增加，写作能力就逐步提高了。

　　另外，课外阅读也要同步抓。小学一、二年级时，课文主要有儿歌、儿童诗、儿童散文、童话、寓言、生活故事、古诗等，所以小学低年级学生的课外阅读材料最好和这些文体匹配。比如，读一些名家选编的儿歌，读几本著名诗人写的儿童诗集，读十来本短童话、寓言，再读一本名家选编的古诗，这样，课内阅读和课外阅读相结合，就很容易认识课文，理解课文，还能快速增加识字量，也能快速提高阅读速度。到了三、四年级，如果小学生能每个学期读两三本儿童诗集，读四五本童话和生活故事，读一两本寓言，再读三四本儿童散文，那么，阅读能力就基本可以支撑起来了。不少学生不知道课外阅读应该读什么书，这里我有三个小建议：一是读课文里提到的作家的作品，如郑振铎、巴金、郭风、任大霖、顾鹰等人写的书。二是订阅两份适合小学生读的杂志，比如像《小星星100分》这样的刊物，它既有作家的作品，也有同龄人的优秀作文，很适合与课文同步阅读。三是读一些真正名家的儿童文学作品，如叶圣陶、丰子恺、冰心、徐志摩、萧红等著名作家写的适合儿童读的作品；还要读一些国外的儿童文学名著，如安徒生的童话、法布尔的《昆虫记》和泰戈尔的《新月集》《飞鸟集》等。在读这些书和报刊的同时，学习一些讲故事的技巧，练习一下写小诗，写百字散文、生活故事和小童话。这样一来，课外阅读和课内阅读联动，读和写结合，语文就容易学好，且三、四年级也能够顺利完成由写话到作文的转变。

做好读书笔记

有一次，在一家教育杂志上读到了一篇介绍美国小学生写读书笔记的文章，觉得很有意思，也值得我们的小学生学习。

美国小学生的语文学习，不像我们这样有统一的课本，但都要读书和写作，这是肯定的，和我们抓读写的基本目标是一致的。一次我和一位来上海的美国朋友聊天，她说她的孩子上小学时，每个学期老师都要求学生读几本书，写读书笔记，进行讨论和分享。我们上海大学培养的第一个创意写作专业博士，也是我国第一个创意写作博士叶炜，他去美国爱荷华大学访学，女儿跟着在美国小学读书，在那里也亲身经历了这种读写训练。美国小学是很重视读和写的，小学生写读书笔记，主要有五种形式：

一是评星式的读书笔记。老师给学生布置一份写读书笔记的作业，上面要求写出读书的日期、书名、作者，还要给这本书评星（五星为最高，一星为最低），并写出"为什么我会喜欢这本书"，或写出不太喜欢这本书的理由。这种评星式的读书笔记，不要求写多少字，只要求能够表达自己的观点和看法，给出基本的理由就可以了。

二是复述式的读书笔记。这种读书笔记的难度比评星式的读书笔记要大一些，老师给学生布置一份写读书笔记的作业，上面要求写出书名、作者，还要求复述故事的开头、故事的中间、故事的结尾。这种读书笔记自然是针对读小说、童话等故事书而设计的，因此读的书字数要多一些，结构要复杂一些，而且要求对故事有整体的理解。这种读书笔记有助于培养学生讲故事的能力，并能帮助学生完整地把握故事的结构。要知道，复述故事的能力是讲故事能力的基础。

三是联系实际式的读书笔记。这种读书笔记也和前面那两种一样，要求写出书名、作者这些图书的基本信息，还要写"当我读到什么，我联想到了什么"，而且在写出联想到实际的某一个人或某一件事后，还要求写出"这两种情形的相似性"，并告诉别人"通过这样的联想，我明白了什么"。这种联系实际式的读书笔记，其实就是我们这边老师们喜爱布置的"读后感"的一种。但写"读后感"，比较笼统，而这种联系实际式的读书笔记则告诉学生要把书里的情形和实际生活中的情形联系起来，对应起来，形成比较，建立认识，再形成判断。这是一种很好的读书方法，有助于培养学生举一反三的能力。当然，并不是每读一本书都可以联系实际，得看读的书的内容如何。

四是判断重点式的读书笔记。这种读书笔记不仅要求写出书名、作者，还要写出书里的"人物"，介绍书里的"场景"以及写出书里的"冲突"，也就是说，要描述故事里的"冲突是什么"。最有意思的是，这种读书笔记还要求写出"解决冲突的方法"和"作者想表达的意思"。显然，这种读书笔记难度更大一些，要求更高一些，要读篇幅比较长，人物关系比较复杂且有故事冲突的小说。这种判断重点式的读书笔记，要求记录最重要的信息，形成最准确的判断，这就意味着读完后要深入理解作品，不然，是写不出这样的读书笔记的。我觉得，小学生如果到了高年级能顺利完成这样的读书笔记，对以后分析具体作品，写简短的文学评论，会有极大的帮助。

五是记录时间式的读书笔记。这种读书笔记主要是为班级举办的连续性读书会而布置的，它要求记录三次连续性的读书会，对读书会的基本内容和情况进行介绍。在美国，小学生在学校会经常参加读书会，而且班级也有很好的读书会，课堂也可以是读书会，因此记录时间式的读书笔记，其实是培养学生的参与意识，并鼓励学生多参与读书会，参加连续性的读书会。

美国小学这五种读书笔记是非常好的课程作业，也是读写训练最好的方式之一，读书，写笔记，做记录，这就是读写结合。可见，"不动笔墨不读书"不论在东方还是西方，都是大家推崇的一种学习方法。读书笔记不但训练阅读速度，培养读书习惯，还是一种写作训练和思维训练，建议每个小学生都坚持做读书笔记。

值得注意的是，美国小学的五种读书笔记写作里，都要求学生写出"书名"和"作者"，这也说明，在美国的读写教育里有一种对作者的重视和尊重。读过一些国内小学生写的读后感，我发现大部分连作者信息都没有。甚至我们的教材里，一些课文都不署作者名。

让写作变成素养

一家刊物想给小读者推荐图书，编辑让我推荐一本自己写的书，我就推荐了儿童诗集《樱花来信了》，这是漓江出版社 2017 年出版的一本书。

我告诉那位编辑，我最初进入文学的门槛就是从读诗和写诗开始的。小时候读诗、写诗，是很容易进入文学门槛的，也是很容易培养出对文字的迷恋的。因此，我也希望小读者多读小诗，从儿童诗进入文学阅读的门槛。

我小学时就接触了很多经典文学作品，中学时几乎通读了当时能看到的中外文学经典，而且酷爱诗歌。可能是因为诗歌短小的缘故吧，在读经典时，我特别偏爱那些小诗，甚至能够背诵一些名人的小诗，而且有一种强烈的渴望，想模仿这些小诗去创作；也有一种渴望，期待有一天自己也有诗作能被人喜爱。这无疑对我最初的文学兴趣培养起了重要的作用。

到了初中和高中，虽然有课外阅读，也读了不少诗，但中考和高考决定命运，学习要抓紧，我那写作的欲望和发表作品的渴望就被压抑了。直到进入大学，不再有中学时那种考试的压力，空余时间也多了，我就常去泡图书馆，也开始写一些小诗，并尝试给校报投稿，幸运的是，作品很快就发表了。

于是，我小时候就有的对写作的迷恋和对发表作品的渴望一下子被激发了出来。此后，只要一有空余时间，我就去图书馆读书，重读我读过的那些经典，也读一些我听说过、但未读过的经典，同时，还翻阅各种文学期刊和一些报纸。在读报纸时，我最喜欢读的是它的文学副刊。

就这样，从大二到大四的三年里，我一边读，一边写，写出了不少作品，也开始向外面的报刊投稿，结果前前后后发表了300多首诗作。大学毕业后，我进了高校教书，虽然工作繁忙，但一直未中断写作。到今天为止，我已经出版了90多部文学作品集，其中有十多部诗集。《樱花来信了》是我公开出版的第九本儿童诗集，也是我比较满意的一本诗集。当时，漓江出版社约请我选编一套"中国儿童诗教丛书"，我就把自己的诗稿也给了他们，于是，这本诗集就出版了。它收录了我在2014年至2016年之间写的一些精短的儿童诗，这些诗，有的有童话色彩，有的带着哲理，有的很有生活气息，有的是原野风格，有的如英国湖畔派诗，有的如狄金森的室内抒情……它们有清新的语言，浓郁的抒情，纯粹的童心，真正传达了我内心的质地，也显示了我丰富的诗歌阅读经验及对诗歌艺术的理解度。因此，这本诗集出版后，我个人很喜欢。当然，它也得到了多位名家的评价，《光明日报》《文艺报》和《中国艺术报》等报纸都刊出了评论文章。它还得到了儿童读者的喜爱，2017年至今，已经4次印刷。2022年底，《樱花来信了（全新修订版）》出版。

我一直把读诗和写诗当成一种生活习惯，也当成是一种素养提升的方式，《樱花来信了》这本儿童诗集就是一个证明。这本诗集里的不少诗最初不是写在纸上的，也不是写在电脑里的，而是用手机在微信朋友圈写的。它们被朋友圈里的师友认可点赞，然后我再交给一些报刊发表。

　　保持读诗的热情和习惯，再不停地写，用各种工具写，只要想写，就要把诗意和想法写出来。写作充实我的生活，写作变成了我最美好的体验的一部分。

怎么写出好的成品

　　语文老师布置了作文题目，或者给出了作文的题材范围，但不少学生提笔作文时却卡了壳。这到底是怎么回事呢？

　　出现这种情况，不外乎三个原因：一是有些学生平常不主动进行习作训练，动笔少，即便动笔写了作文，也没认真去写。因此缺乏对作文的基本认识，也不知道一篇完整的作文该是什么样子，更不知道一篇优秀的作文要达到什么标准。其实，小学语文课文大多数可以作为习作的范文，每次学完课文，不妨模仿一下课文的写法，这样可以快速提高习作兴趣和作文能力。二是有些学生看到作文题目，还没想好就动了笔。匆匆忙忙或漫不经心，都不是作文的正确态度。平时语文老师布置的习作训练，并没要求家长次次批阅，而且家长也没有那么多时间来监督，于是，有些学生就会偷工减料，敷衍对付。作文一定要认真对待，就像学习炒菜，平时练习时每一个步骤都不能马虎粗心，才能烧出一道合格的美味菜肴。有些学生本来有能力写出优秀的作文，但平时训练时不严格要求自己，甚至都不把习作当回事，这肯定不行。练习作文和做其他的事情一样，靠的也是勤学苦练，才有"熟能生巧"的体验和认识。三是缺乏文体意识，所以不知道如何下笔。一般来说，一个题目就对应一种文体，或者说，任何一个题目都可以用一两种文体写出来。另外，任何一个题材，都有一个适合表达的文体。比如，《一个愉快的周末》这样的题目，一看就知道要写记叙文，要讲故事。而《难忘的……》这样的题目，要么写难忘的一个人，要么写难忘的一件事，要么写难忘的一则新闻或一个景物。无论写难忘什么，都至少要讲一个故事，都要叙述。如果找到了题目对应的文体，知道该叙述还是描绘，或者抒情，下笔就不会卡壳，顶多也就是写得不是很吸引人罢了。平常语文老师课堂上讲的"审题"，看似在告诉学生如何理解作文题目，找到作文的内容范围和思想方向，其实，"审题"最重要的就是要知道一个题目要如何表达才更合适。有些题目是很适合用讲故事的方式来表达的；有些题目是很适合用描绘的方式来表达的；有些题目是很适合用阐释、论证的方式来表达的。不同的题目要有不同的写法，这才是审题的意义所在。

有学生说："写作文时毫无头绪，根本不知道如何开头，该怎么办？"这位学生的问题在于对作文缺乏基本认识，他之所以"毫无头绪"，就是前面说到的第一个原因。当然，有些学生写不出好的作文是第二个原因或第三个原因，这就更需要引起重视，加强自律，勤于练笔，把作文的基本功练好。

怎么用思维导图

　　这几年，语文教育界疯狂流行思维导图，以至于无论教什么都用思维导图。记得十年前，我去厦门一所学校做语文教育指导，在听一次作文公开课时，老师用的也是思维导图的方法。

　　思维导图是一种数学教学中常用的教学方法，主要是培养学生的逻辑思维能力和发散性思维，启发学生进行知识系统的整合，让学生通过一个学习对象，来联系相关知识。思维导图借用到语文学习里，也有一定的作用。比如，读一本书时可以画出故事线索图、人物关系图，或者把书中的景物进行绘制，形成一幅景物图。我曾在一个小学的语文课堂上目睹过语文老师引导学生给叶圣陶的《小小的船儿》这首诗画了一幅画，其实，画的就是诗歌作品里的景物。读古诗，尤其是读唐诗时，一般都可以画出类似的景物图。画出图后再来理解诗，自然会觉得更容易一些，更直观一些，至少这个图对其他同学是有启发的。但并不是所有的语文课都需要这么去做。因为思维导图只是一种认识和理解事物的方法，不是方法的全部，因此，一味去搞思维导图的教学是没有必要的。

　　我曾给一位在美国教小学的华人老师的思维导图作文书写过推荐，她在书的前言里就说过："我发现美国老师有一套系统，将每种不同文体的写作用一种思维简化成一张图，让孩子们把抽象的思维变得具象化，从有趣的图案提示中获得写作指引和灵感。"这就是思维导图作文的好方法，每一种文体都有不同的结构，都有不同的写法，都可以用不同的思维来理解，我们的小学生在作文时也可以这样训练。比如，看图说话，第一步怎么练习，第二步怎么练习，第三步怎么练习。而写记叙文时，可以列一个流程图，先写什么，再写什么，最后写什么。写描述性作文时，第一步写什么，第二步写什么，第三步写什么。这些都是可以打草稿，起草写作大纲的。因此，思维导图作文就是启发和鼓励学生先把所写的对象搞清楚，有清楚的认识之后再动笔，这样章法就不会乱，结构就会自然。

但思维导图也不是万能钥匙，更不是万金油。在阅读时，适当地按照思维导图去理解作品，去形成自己对所读作品的认识，会提高阅读的收获感，会带来自信心，可以强化对作品的理解，对所阅读作品形成系统的整体的认识。写作时用思维导图，可以形成对所描绘人物和景物、所讲述事件的清晰认识，有利于快速写好作文，形成有逻辑的文字。

要对得起读者的信任

一年一度的阅读日来临，《大灰狼画报》的编辑姜蔚老师请我给小读者推荐一本自己写的书，当然也可以推荐别人写的书。

我想了想，不妨推荐 2021 年中国科学技术出版社给我出版的短童话集《小熊给树叶写诗》。说起这本童话集的出版，还有点儿波折，当时我把书稿先是给了另一位编辑，但那位编辑不知是职务变动，还是辞职了，大概有一年时间都没和我联系。突然有一天，郭佳老师就和我联系了（可能是那位编辑老师把书稿转给了郭佳老师），而且这部书稿还被列入了《名家名作经典阅读》丛书。

我有点儿记不清这是我出版的第几本童话集了，之前我在中国福利会出版社、黑龙江少年儿童出版社、未来出版社、江西教育出版社和山东人民出版社等多家出版社出版了 10 多本微童话集，也出版了几套短童话集。

20 多年前，我步入儿童文学创作的门槛，是从写小诗和翻译开始的，当时我给《少年文艺》《儿童文学》和《早期教育》等少儿报刊写一些小诗和翻译一些短童话。渐渐地，我开始写文学评论，写散文，写短童话，写微童话，写生活故事，写寓言，等等，在全国几百家少儿报刊发表作品，也在《人民日报》《光明日报》和《诗刊》等报刊发表作品，至今出版了 96 本儿童文学作品集，还出版过十卷本的儿童文学文集。这本《小熊给树叶写诗》收集了我前几年写的短童话，我写的时候，力求写得有诗意，而且富有温馨的氛围和情境，希望能通过规范的文字、清新的形象和趣味的言行去感染读者，引领读者体验一种温暖而文雅的美感。经典的儿童文学很少是热闹的，基本都是安静的、优美的、有趣的。即便是《木偶奇遇记》《长袜子皮皮》这样的幽默童话，也不是搞笑的，读完后，都会让人陷入深深的思考。一个作家只给孩子写热闹的文字，就像一个人只会给别人讲笑话一样，不能给人纯正、文雅的气质，也无法促进人去思考。在《小熊给树叶写诗》里，我试图让童话具有可持续的欣赏性，让它有诗一样的意境，能把读者从现实生活带到幻想世界，从而产生现实与幻想的对应，客观与主观世界的联系。我希望笔下的故事能激活生命，感染性灵，引人思考，补充语文。

这些年，我一边创作，一边研究。我对那些很热闹的东西一直保持一种警惕，即便是日常生活、学术工作中那些很热闹的事物，我也不会太过好奇，更不会去投入太多的兴趣和精力。那些只能发表10分钟演讲的热闹的学术会议，我基本都不参加。读书、写作和研究，都要沉静，心灵不安静，思考就不会有深度和力量。经典的作品是写给读者慢慢安心地读的，有品位的写作不是为了给人凑热闹。优秀的作家，其内心一定是冷静中有热烈的，读者要发现好的文字背后这些热烈和冷静的情绪和思想，找到那些形象和情境都意味着什么。

后面，我还会出版儿歌集和其他几本儿童诗、散文和童话集，无论是哪一本书，我都希望它具有语文性，对得起我的执意，对得起读者的信任，也对得起我接受的教育。

多读童诗，学写童诗

语文课本里有一些童诗，但很有意思的是，语文老师在课堂上很少花时间教童诗，也很少教学生写童诗，除非这位语文老师本人就特别爱写诗，尤其爱写儿童诗。家庭阅读也很少会出现童诗，因为家长大部分不太知道怎么选诗，怎么读诗。为什么会这样呢？据我的观察和思考，大概有四个具体原因：

一是语文考试不考童诗。大家可以看看，全国哪个地方的语文考试考过童诗？语文考试把古诗词和古文当作重点，却几乎不考童诗和现代诗，这是一个公开的事实。因此，在应试目标的驱使下，家长会让孩子背诵古诗词，但绝对不会主动让孩子读童诗，更不会让孩子背诵童诗。

二是语文老师不懂童诗，不会教现代诗。童诗属于现代诗，但它是童心流露的诗，而且大部分是诗人专为儿童创作的，因此，从语言、意象和修辞等方面来看，都是比较符合儿童心理，容易让儿童接受的。但由于师范教育课程设置的问题以及师资的知识结构的问题，很多学生毕业后做了老师，却不会鉴赏现代诗、童诗，也不太了解儿童文学。

三是儿童读物里的童诗相对少。一些少儿报刊很少刊登童诗，即使刊登，也是只有一两首点缀一下版面。另外，童书里童诗集也很少。我主编的几个童诗选本广为流传，被一些语文老师和不少有文学素养的家长肯定，就是因为优质的童诗集很少，不能完全满足儿童阅读的需要。

四是大部分家长都可以讲故事，却不会欣赏诗，尤其不知道童诗有什么价值和美感。这也影响到了童诗在家庭亲子阅读和儿童自主阅读方面发挥的作用。

其实，童诗的价值不可忽视，作为儿童文学的一种重要文体，它与童话通常被认为是最接近儿童文学本质的作品。也就是说，童诗和童话一样，是最符合童心，也最适合孩子阅读的文字。而且童诗的语言一般短小精悍，意象清新灵动，多朗读，多品味，很容易培养孩子对语言的敏感度，即读多了童诗，很快就可以培养起对语言的理解力和创造力。

童诗在现代诗和儿童文学里，就好像古代文学里的唐诗一样，相对精粹，也相对经典，而且易于朗诵，便于学习。所以，在最初的语文学习阶段，读童诗、写童诗是一条便捷也充满快乐的学习之路。读童诗特别有趣；写童诗也特别好玩。学语文，学写作，从童诗起步，是得到了证明的好办法。熟读唐诗三百首，不会写诗也会吟。熟读童诗三百首，不会写诗也会吟。

我认识的童诗创作前辈金波、樊发稼、金本、王宜振等，都写过很优秀的童诗。他们的作品很适合小学生课外阅读。我也陆续出版过《母亲与孩子的歌》《夏天的水果梦》《你带着一朵花儿来了》《风儿是个淘气包》《跳格格的日子》《星星的诺言》《樱花来信了》和《我的歌声给你》等十多部儿童诗集，有的很畅销，有的多次加印，有的获了奖，还有的被学校老师推荐。北京版的小学三年级语文教材里也选过我的童诗，北师大版语文教材的初中语文教师参考书里还收录了我一篇谈诗的短论。很幸运，我爱上了读诗和写诗；很荣幸，我写的诗能得到儿童读者的喜欢。

期待儿童读者和家长相信我的这些童诗，也期待我的作品能启发大家朗读童诗，创作童诗，以诗的方式展示自己的才华与爱。

一起读童诗，一起写童诗吧，让童年的日子充盈着诗的美。

读小诗，写小诗

　　有一次，到一所小学去听示范课。正好老师讲的是诗歌读写课。这位老师先讲孟浩然的《春晓》这首绝句，然后给每个学生一份材料，上面有两首小诗。

　　其中一首题为《春晓》（作者姚益强）：

　　醒来，

　　从窗外采几滴鸟语，

　　心就被啼绿了。

　　我很赞赏语文老师在讲唐诗时，能找一首同题的新诗来做补充阅读。我觉得这样很好，因为新诗很适合现代人阅读，而且匹配一首同题新诗，还是有意思的。但这首小诗的写法，还有一些值得讨论的地方。这里和大家分享一下我的看法。

　　"采几滴鸟语"用一个"滴"字做量词来修饰"鸟语"，是可以的，给人新鲜感。鸟语是声音意象，而"滴"是修饰与水有关的事物的量词，它有湿润的意思，因此，这句诗可以说用了通感的手法。但这首诗在用通感手法时，也出现了问题。"滴"这个量词一用，把"鸟语"的声音意象转变成了触觉意象，而且"滴"一词让鸟语变成了雨水一样的形象，那么，就和"采"这个动词的语义逻辑不相符了。一滴一滴的鸟语，怎么能采到呢？况且，"心就被啼绿了"里用的是动词"啼"，说明第二行里的"滴"这个量词用得比较随意。如果是"心就被润湿了"

或"心就被润绿了",就比较合适了,而且"润"这个动词,从语义逻辑上看,就和"几滴鸟语"匹配了。因此,在为课内阅读选择补充材料时,还要仔细斟酌,尽量选精短凝练,具有美感,也经得起推敲的作品。

我读到孟浩然的《春晓》时,就产生了有意思的联想和想象,写了一首这样的小诗:

> 春天的早晨
>
> 小鸟喳喳啼叫
>
> 花蕾们醒来了
>
> 一朵花蕾吸了一滴露珠
>
> 打了一个喷嚏
>
> 旁边的小甲虫惊叫一声——
>
> 看,早晨花儿们都开了

这首诗里的意境就和孟浩然的《春晓》相近,我也想尽量在词语方面用得更贴切一些。当然,读古诗时还可以学习写散文诗,一般来说,古诗词都有诗画合一的意境,读起来语言押韵,有音乐之美,想象起来则都很有画面感,很有空间感和立体感。因此,只要把古诗词这种意境描绘出来,差不多就是一首散文诗。

不过,通过读古诗来练习写小诗也很好。我还喜欢读泰戈尔、冰心、郭沫若、郭风的散文诗,并通过品读他们短小优美的作品来学写散文诗。写诗,要读懂诗,理解诗,并在实际的写作中用好修辞,把语言写得恰到好处,体现诗的美感,表现诗的想象和情感。写诗有很多技巧,读诗也要用心,并掌握基本的方法。

从生活中寻找诗意

　　到一些学校做讲座，总会遇到一些关于写作的提问。有一次应邀去北师大大同附属学校做讲座，给初中生专门上了一堂新诗鉴赏课。好些学生告诉我，他们很喜欢读诗，也很想学写诗。

　　初中生已经进入青春期，而青春期可以说是活力四射又情感丰富、飘逸的年华，因此很多初中生特别爱写诗，或者读诗。事实上，每一个初中生本身就是诗啊——一首青春的诗，一首时而多风多雨、时而阳光灿烂的诗。

　　我在深圳、廊坊、长沙、重庆等一些城市的中学都做过关于阅读与写作的讲座，我发现，很多初中生朋友都爱写诗，也喜爱问一些关于诗歌写作的问题。这几年，还有一些初中生、高中生通过电子邮箱发来自己写的诗，请我给予指点。十几年前，在中国小作家协会的一次活动上，就有几位小作家把自己剪贴的诗歌本和自己写的诗稿拿给我看，请我给予评介，或和我一起欣赏他们喜爱的诗作。其中一个来自福建的初中女生还签名送了我一本她的个人诗集，我读了，她的诗写得非常好。我问她："你为什么喜爱写诗？是不是特别喜爱读诗，然后才开始写诗。"她说，她非常热爱大自然，只要一有节假日，就特别喜欢到公园或者郊外去游玩、采风，所以她总是感觉肚子里好像有很多话要说，有很多很多很美的事物需要去描绘。她还对我说，有时候，她觉得自己的一些想法并不是故事，而是一些心灵的触动，于是就写成了诗。我觉得这个女孩子说出了一些自己写诗的感受。写诗，通常是看到了美好，品味到了忧伤，想描绘，想倾诉，想把心中强烈的情感倾泻出来。

记得我自己初中时也喜爱读诗，并开始学写诗。那时候没有专业的老师具体指导我们，语文老师忙着应试教育那一套，学校里的作文课也是按部就班的，一般都是命题作文，或者老师拿着一些往届初中生的考试作文题让我们来做，更何况我就读的是农村中学，学校也没组织过诗社、文学社之类的社团。

刚开始写诗时，仅仅因为读了一本书，或者遇到了生活中的一个人、一件事、一个景物，让我很感动，或者觉得很美好，于是就用诗的形式在日记本上倾诉。但我真正进入写诗的状态，或者说，我能写出像模像样的诗，是与我善于发现诗意有关的。比如，我曾经在《小溪流》杂志发表过一首题为《花蕾》的诗，这首诗的创作灵感就来自春天的一日我在校园里散步时的偶然所见，那天我看见花圃里月季花结满了欲开的花蕾，它们一个个晃着圆圆的小脑袋，很可爱，我突然就觉得它们像一个个爱笑的人，于是就写下了这样的诗句：

你有一肚子的笑话，

只要你一开口，

整个春天就会发笑。

后来，我把这首题为《花蕾》的小诗投给了《小溪流》杂志，很快就发表了，还得到了20元稿费。这首小诗的发表给了我很大的鼓舞，我之所以能写出这样的诗，就是因为我带着一种不同于寻常的眼光去观察花蕾，用一种充满感情的欣赏的心态去看待自然之物，于是，这些平常的植物在我眼里就有了生命气息，有了美好的感情色彩和别样的趣味。

我在《少年文艺》杂志发表过一首题为《谛听鸟声》的诗，也是我从大自然里得到的诗意。那是一天早晨，我在校园的林子里早读，听到很多小鸟在唱歌，于是我就放下书本，静静地倾听小鸟的歌声，然后回到教室，就写下了下面的诗句：

清晨倚窗谛听鸟声
来自阳光的鸟声
来自雾霭的鸟声
来自季节的鸟声
来自森林的鸟声
叮咚叮咚叩醒沉睡的灵魂

谛听鸟声，是抓住
穿透时间锐利的光束
谛听鸟声，是欣赏
追忆儿时清纯的歌谣
谛听鸟声，是凝望
生命天空中明亮的星子
谛听鸟声，是触摸
青春丛绿里鲜艳的花蕾

这样的诗句并不是天生的，是我在倾听小鸟歌声之后，通过思考、提炼和回想而产生的。这实际就是用心感应外物，用心触摸世界而得到的灵感。

有人说写诗就是要戴着"有色眼镜"看人、看物。这里的"有色"，就是要带着情感，带着一种审美的心态去观察事物，去理解生活。这样一来，即使生活在平凡的环境里，过的是日常的生活，也能处处寻找诗意，找到很美好的东西，发现轻灵的诗句。

让儿童诗陪伴你成长

从 1995 年在《小溪流》杂志发表第一组儿童诗起，我的儿童诗创作历程已有 20 多年。

现在我已经想不起来，当初为什么会写儿童诗，而且一写，竟然就达到了发表的水平。当然，我一直感谢编辑的爱护和扶持，这 20 多年间，我的儿童诗得以不断在《儿童文学》《少年文艺》《东方少年》和《少年日报》等各类儿童报刊上发表，甚至开设多个专栏，也被《新华文摘》转载，还被收入小学语文教材。

这些年，我也编了一些儿童诗选本，几乎每一本都会加印，有的还发行了 20 余万册。这大概和我的阅读经历有关。我收藏了几千册儿童诗集，对中国现代儿童诗，我是很熟悉的，甚至可以说了如指掌。我经常应邀到北京、广州、福州和深圳等地的一些小学做儿童诗讲座，还亲自给小学生上儿童诗阅读课，颇受欢迎。之所以做这些工作，是因为我觉得孩子需要诗，需要读诗，需要读儿童诗，尤其是需要我们给他们正确的指导和引导。小学教育还需要诗教，诗教也是语文教育最具有美感、最富有吸引力的一部分。因此，我也呼吁重视儿童诗教，不但家长要多给孩子读好诗，老师也要引导孩子读好诗。

童年有诗，是不一样的童年。童心有诗的滋润，一定更加空灵，更加聪慧，更加柔软，更加美好，更加纯净。

我写儿童诗，刚开始时是模仿少儿报刊上发表的作品，尤其是一些比较有名的诗人的作品；后来，又模仿国外的优秀儿童诗；再后来，就写自己的，并且尽量摆脱传统的写法，追求心灵的自由，追求对童心的理解，追求对想象力与审美世界的建构。儿童文学是最初的文学，也应该是最纯正的文字。因此，无论写儿童诗，还是写童话、儿童散文和儿童小说等，都要讲究语言规范，适合儿童接受，并且能让他们感受到语言之美之妙之趣。

我觉得纯正的文字是符合心灵律动的文字，也是发自内心的声音。儿童诗有童心的单纯，也有童心的干净，还有童心的神秘。优秀的诗人，应该用简单的文字传达丰富的审美世界，因为诗歌不是让人复杂的，而是让人单纯的。儿童诗不但让童心单纯，也让成年人的心变得干净、明亮。

写儿童诗，是因为我爱孩子，也是因为它能让我回到童年，让我的心和童心贴得很近很近。写儿童诗，不需要天赋，只需要爱、勤奋、美的呵护、语言的敏感、想象力的张扬和卓尔不群的品格。

农村学生怎么抓作文

农村学生和城市学生比较起来，家庭条件差异比较大，语文学习的环境也大不相同。比如，华北、西北和东北一些县城里的小学教学条件很一般，相当一部分学生缺乏基本的课外阅读条件，语文学习基础比较薄弱。

一般来说，农村小学生的语文学习存在三个突出的问题：一是家庭条件差，由于父母文化程度普遍都不高，缺乏对孩子的早期启蒙意识，家庭中也缺乏亲子阅读，因此，孩子的语言经验不丰富，语文底子薄，到了小学中高年级时，作文会遇到困难。二是相当一部分的农村孩子缺乏良好的阅读习惯，尤其是在经典阅读方面还有欠缺。因此，仅仅靠课文的阅读，很难从根本上提高他们的语文素养。三是农村小学的教学条件差，尤其是不少小学没有图书馆，甚至连一个像样的图书室都没有，这也影响了农村小学生语文水平和写作能力的提高。当然，农村小学也很少举办读书活动和作文比赛活动，文学社和小诗社活动更少，校园阅读和写作的风气不浓。

但农村小学生也是可以学好语文的。尤其是作为小学生个人，只要在父母的支持下，想办法改善，是完全可以提高读写能力的。我个人觉得，农村小学生要抓好读写，有三个途径：

一是认真听讲，课堂上集中注意力，从课文里学习语言技巧，找到需要的表达方式，积累字词句篇的知识，这样不但可以在语文测试中获得好成绩，也为写作打下了初步的基础。

二是尽量利用学校的图书馆或图书室，或者主动向家里有书的同学借阅，多阅读经典名著，从经典名著里寻找优美的语言，学会各种修辞，获得语言的智慧，为写作奠定坚实的语言基础。我认识一些从农村考进名牌大学的学生，他们家里经济条件普遍不好，没有钱给他们买课外书，但他们想办法向同学借书读，结果，语文学得比那些家里有很多书的同学还好。

三是通过其他途径学习语言表达，积累写作素材。比如，读报纸，参加一些演讲、作文比赛等语言训练，以此来提高写作技能。报纸是比较容易找到的，农村和县城里几乎每一个单位都有报纸，报纸上有新闻作品，也有文艺副刊，爱读报也有助于读写能力的提高。

当然，对农村小学的学生来说，语文教师起到的作用就显得非常重要。城市里，很多孩子的家庭条件都很好，父母的文化素质也很高，教育孩子的方法不比老师差，甚至很多孩子在上小学前就在家里打好了扎实的知识底子。因此有人说城里的孩子靠"拼爹"。这话说起来不好听，却也有一些道理，因为它强调的是家庭环境和父母的素质对孩子成长的重要性。对农村孩子来说，学校和老师的作用相对就大多了。而对语文学习来说，学生底子要打牢，写作能力要提高，需要语文老师在四个方面下功夫：一是语文老师要讲好课文，让学生尽可能从课文里受到启发，学习和积累写作素材。二是语文老师既要引导课外阅读，也要做好课内阅读，开设班级阅读课和读书会，通过阅读面的拓展来提高学生的写作能力。三是语文老师可以收集一些写作素材，启发学生写好作文。四是语文老师要多关心学生的生活，了解他们的学习差异、特点和需求，尽量帮助学生解决一些可以快速解决的学习问题。

　　总之，农村学生学语文，抓读写，确实困难多。但语文学习的基本道理和方法都一样：尽量多读，想办法多写，积累语文知识，积累生活素材。这也是学生语文能力提高的前提。要记住，所有的进步和成长都有多种因素，但更多的是靠自己。

如何快速提高语文能力

每次寒假，免不了要见一些老师和朋友。之前有几位朋友来拜访我，都是因为孩子的作文问题。她们都非常信任我，因此带着孩子来见我，希望我能给予一些指导。

于是，我和几位朋友聊了聊，也见到了几个朋友的孩子，并和孩子们聊了几次，知道了一些问题：

第一，这几个初中的孩子，语文成绩都不理想，期末考试150分的试卷，他们得分都不高，有的还在90分上下。这说明，他们的语文基础很薄弱，还没有培养起对语文课的兴趣，而且基本技能都没掌握，写作能力非常薄弱。如果语文考试总分为150分，但成绩在90~100分之间，说明他几乎写不出像样的作文。我问了一个语文考试成绩不理想的孩子的情况，60分的作文，他通常只能得30~40分，而且阅读理解题几乎一半都不会。

第二，这几个初中的孩子发来的平时作文问题很多，结构比较乱，条理不清晰，语言表达不通畅，有一个孩子的作文，语言表达很不准确，还存在多处语句不通的现象。当然，字迹也潦草，可见对作文不但没兴趣，还缺乏基本的认识，不知道如何去表达自己的看法和观点。这也说明，他们平时缺乏认真的写作训练，作文练笔少，态度不认真，也没有主动改变和提高的意愿。

了解了这几个孩子的语文学习和作文情况后，我和几位朋友（孩子们的家长）分析了一下。我觉得孩子们出现这些问题，主要原因有三个：

一是家长不重视孩子的学习，平时对孩子要求不高。因此可以说是主观上不重视孩子的学习，对孩子的学习能力培养认识不到位，或者说对孩子的学习监管不到位。其实，孩子的学习，家长是要监管的。大家都知道，学校里的老师上完课，一般都是不管三七二十一，布置不少作业。孩子放学回家，各科作业都不少，有个别课程的老师恨不得把学生的课外时间全部占满，这就需要家长监督，需要家长指导或鼓励，让孩子认真写作业，尽量当天的作业当天完成，不要拖到第二天、第三天……如果任由孩子拖拖拉拉，孩子欠的债越来越多，背的学习负担越来越重，最终，越来越没信心，越来越没动力，结果，就落到了末位。

二是孩子缺乏自我进步提升的动力，或者说孩子缺乏学习自主性，不愿意主动冲到前面去，不主动向优秀的同学看齐，缺乏学习荣誉感。我注意到，那些爱学习、爱钻研的学生都是很有荣誉感的。一旦考差了，落后了，他们自己就会很着急，很想尽快赶上来。但学习比较差的，研究能力比较低的学生，大多数都缺乏荣誉感，不在乎自己比别人差。他们不愿意改变自己的处境，能够迁就自己。当然，伴随这种心态的是懒惰情绪和习惯。懒惰是学习的大敌，不勤奋，不刻苦，学习是很难进步的。因为学习任何一门课程都会遇到难题，而且考试到了最后，都是看谁能解决难题。所以有畏难情绪、懒惰的习性，肯定是不行的。

三是家庭缺乏良好的学习环境，父母没有给孩子读课外书的环境和机会，对课外阅读重视不够。这几个孩子的父母，有的是做行政的，有的是学理工科的，我一问，家里都不会专门为孩子买书，都是由孩子自己看着办，或者是基本没有课外阅读，也没有给孩子订过一份少儿报刊。由于平时缺乏阅读，孩子的语文学习进步很慢，等到孩子的语文分数很低了，家长才意识到语文学习要抓了，再不抓中考就麻烦了。其实，家庭阅读环境很重要，一定要多给孩子买些书，订几份报刊，让孩子爱读书，养成课外阅读的好习惯。语文学习是很难短时间取得突破的，需要平时多积累。读读那些名人的成长故事，差不多可以发现，他们小时候家里都有很多课外书。从小爱读书，不但培养综合素养，也很容易养成探求的习惯。语文的基础知识和阅读理解，靠半年的时间是很难抓上来的。

在分析这些问题找出症结后，几位朋友觉得我说得有道理，都希望我给出一些能够快速见效的方法。说实话，我也很难给出他们要求的能快速见效的方法，但有以下三点建议，是可行的。

一是尽快补阅读，尤其是古诗词、古文和千字左右文章的阅读。常见的古诗文，尤其是小学和初中语文学习要求的古诗词、古文都能够背诵、理解的话，基础知识就补上了一些。千字左右的文章，特别是五四作家的散文、美文和一些少儿报刊上的短小说、故事、散文，以及当代报刊上的随笔、时评，要多读一些，这对阅读理解和作文都大有裨益。散文、美文读得多，很容易学会记叙和抒情；随笔、时评读得多，会发表感想，会说理。初中和高中语文试卷上的阅读理解，基本都是千字左右的文章，而且中考作文是600字，高考作文是800字，因此多读短文，多读一些千字左右的文章，对培养语感，提高作文能力是非常有帮助的。

二是读一二十本名著，让孩子寒假和暑假进入阅读的世界，把用于玩耍的时间抢过来。只要认真读了一二十本名著，有两三百万字的阅读量，语文阅读理解能力会迅速提高。而且阅读名著能快速丰富词汇量、学习句法和章法。最关键的是，读名著培养耐心。考试本身就需要耐心。而且在所有课程考试里，语文考试最需要耐心，因为语文试卷字数最多，需要有足够的耐心才能从头至尾读完并理解。而且还要耐心写作文。能够耐心读名著，那么考试时面对一张10000多字的试卷，也比较容易做到耐心地认真读题，认真思考。记住，中考语文的一张试卷做下来，要读10000多字，还要写至少1000字。而高考语文的一张试卷做下来，要读15000多字，还要写1000~2000字。

三是鼓励孩子平时写日记，写随感，写短文，写小诗或童话。平时养成有感而发的习惯，对作文是非常有帮助的。首先，孩子爱写了，对写作就没有畏惧情绪了，而且还能锻炼写作能力，提高写作质量。其次，有写作习惯本身就是语文学习的一部分。千万不要以为平时写日记、写小诗、写小童话是不务正业，其实，这就是语文能力。真正的语文能力就是爱读爱写。爱读爱写了，坚持下来，就是会读会写。会读会写了，语文就会学好，文学创作也自然不难。

当然，提了三个建议后，我也让朋友把孩子们的作文拿给我看了几篇，我一一进行了讲解，谈了一些自己的看法，也提了一些修改意见。有意思的是，孩子们觉得我比他们的爸爸妈妈还有耐心，还觉得我对他们语文和作文存在的问题看得比较准，他们口服心服，也表示希望我能继续指导。后来，和这几个孩子又接触了几次，也讲解和修改了他们后来的作文，发现他们都有很大的变化。他们的语文考试成绩提高了，作文也逐渐写得流畅和有一定文采了。这次寒假，和几个朋友相聚，与这几个孩子聊天，他们表示对语文学习有了兴趣，也有信心把过去欠缺的完全补上来。有个之前语文考试只能得90分上下的孩子，这次竟然考到了 120 分。

这几位朋友在我面前感慨，没想到才半年就明显见效了。我说，初中生和高中生一定要有自学能力，会自学，能补缺漏，就会自信、自强。语文学习没那么难，只要把问题抓住了，分析到位了，家长再积极配合，做好监管，优化学习环境，孩子也主动去切实地改变，语文是很容易提分的。当然，任何一门课程的学习只要认真，都能快速见效。一句话，只要落实到行动和措施上，语文水平的提高和作文能力的提高，就不是什么大的问题。

会读才会写

一般来说，爱读书的孩子，作文不会太差，对语文学习会更有兴趣。那些不爱读书的孩子，通常不爱写，也不会写，语文学习也会有障碍。

但无论是出去做讲座，还是在微信朋友群里，经常听人说或看到一些家长提问："我的孩子读了很多书还是不会写，这是怎么回事？"对这个问题，我先这样简要回答一下：

第一，读的是什么书，是很重要的。如果孩子读的是文字粗糙的书，这样的书里只有情节，没有情感和美感，那么，他读得越多，可能越不爱写，也不会写。

第二，得看孩子是怎么读的书。如果只是追求情节、浮光掠影地读书，没有理解书中的内涵，没有进入文字的情境，也没受到感动，只是消遣，这样的读书对写作也没有用。有些家长，孩子还在读小学一、二年级，识的字不够多，理解力也不够，就买一堆书让孩子自己读，这样读，效果也不好，因为孩子不能读懂书里的内涵，甚至有的句子虽然每个字都认识，但读不懂。这样让孩子读书，无疑会早早地减弱好书的魅力，会伤害孩子对读书的兴趣。

第三，读书是需要安静的环境和安静的心态的，那些所谓的诵读、朗读和表演式的读，只是好玩，只是表演和游戏，作为校园文化活动是有价值的，但它不是真正意义上的品味文字之美之趣。好的文字，精美的书籍，尤其是经典，都是安静的文字，都是在孤独或寂寞的情境下写出来的，都是融入了作者丰富的人生体验、生命感悟和审美理想的作品，是需要用心去体会，去感悟，去理解的。因此那种热闹的朗读和诵读，和文字理解力没太大关系，与写作能力也没太大关系。

此外，有不少家长，甚至是语文老师都主张孩子背书，包括背诵范文，这样对写作也没有什么好处。背书、背范文，是死记硬背，不是基于对文字的理解，目的是走捷径，希望通过背诵，直接将知识移植到考试答题里去，这本来就是投机取巧，不是科学的学习方法，也不符合语文学习的规律。语文学习包括两个方面：一是文字的理解力，这是通过读来实现的，也就是说，读书的目的是要理解文字，进入文学的世界，感受文字之魅，才能体验文字创造的奇妙，才有创造文字的冲动，才能激发写作的潜能。写作能力其实就是文字创造力，它基于文字的理解力，这是需要用心读书的。所以，没有写作能力，对写作也没有兴趣的人，一是没有真正体验到读书之乐，二是没有形成文字理解力，对文字之奥妙还没有感受到，自然不会爱上写作，更不会有创作的冲动。

那具体怎么样读书才能有助于写作呢？我来讲几点看法和建议。

第一，给孩子买好书，尤其是要给孩子买适合他们读的经典。我曾给一些家长开了一个简易的书单，请他们给孩子买两类书：一是世界儿童文学经典和诺贝尔文学奖获奖作家的作品。这个可以放在一个专门的书架上，最好做一面墙的书架来摆放这些好书，这是"经典书架"。二是买语文课本里出现过的作家的作品集，包括古文和古诗词集。这样的书可以专门陈列在一个书架上，这是"语文书架"。如果家里有了这样两个书架，孩子的课外阅读就不愁没好书读了，而且家中有这么多的好书，孩子随手一拿，就能够得到好书和适合他们读的书，孩子就很容易养成读书的习惯，家里的语文学习环境也就不差了。

第二，在以上基础上，再订阅两三份儿童报刊。比如，订一份儿童阅读刊物，如《中国校园文学》《漫画周刊·七彩童年》《东方少年》和《莫愁》杂志小作家版等以儿童文学阅读为主的刊物；再订一份综合性儿童报刊，比如《小学生学习报》或《语文报》之类的。平时也可以带孩子去书店选几本印刷精美的绘本或者其他儿童文学图书，或者选购几本畅销书。这是课外阅读的补充，是在经典阅读和语文课外阅读之外的补充，相当于炒菜时，除了主菜，还要搭配几个配菜。有些家长很功利，订阅报刊时直接订阅那些很实用的、知识性很强的报刊，甚至买书时也只看畅销不畅销。这是不合适的。好比即使是炒配菜，也要尽量挑选好的食材一样，要认真对待补充性阅读。

第三，孩子爱读书，而且读了好书，一定喜欢表达，或者有表达的冲动，这时家长一定要支持，要给孩子创造好的环境。因此，有时间和机会，家长可以和孩子一起讨论书里的内容，和孩子一起理解书中的人物、情节、细节、思想和独特的风格等。通过讨论，增加彼此的理解力，也提高了孩子读书的兴趣。在孩子记日记，写读后感，或者写自己想写的短文时，要让孩子有独立的空间，有安静的时光，有可以发呆、思考的机会。即使是孩子在写语文老师布置的作文，也要尽量鼓励孩子好好写，写完后要好好修改。不修改，是练不好作文的。好的文字都是修改出来的。那些好文章，都是反复琢磨、修改，才变成精品的。没有一个人一开始写，一提笔写，就写出了杰作。

第四，鼓励孩子参加一些校内外的作文比赛。通过比赛，锻炼自己的文笔，也提高作文的兴趣。更重要的是，参加比赛，孩子就会关注别的同龄人写得怎么样，然后对比自己，既让孩子感觉到自己和同龄人的差异，也可以培养孩子的荣誉感。除了参加校内外的作文比赛，有条件的孩子还可以给一些儿童报刊投稿，包括给一些校报、公众号投稿，等等，这些都是鼓励孩子写作的办法。现在，各种作文比赛很多，包括一些网站也需要大量的孩子作文，因此可以鼓励孩子多写，多投稿，激励孩子培养写作兴趣。当然，如果学校里有文学社和诗社，也可以鼓励孩子参加，这也是很有意义的。

以上是我的几点看法。语文学习就是读写一体，而且要读写结合，而写作是检验语文学习的最好标尺。学好语文，不能仅靠课内，还要靠课外。课外读书，尤其是家庭阅读，不但对语文学习起到奠基的作用，对孩子今后所有的学习也起到奠基的作用。爱读，爱写，会读，学写，是良好的生活习惯，也是学习的基本能力。

附

录

这些年，接受了不少媒体的采访，都围绕文学创作、儿童文学、语文教育和儿童阅读及家庭教育等展开，这些话题和语文学习密切相关。因此，摘选几个访谈和对话附录于此，希望也能拓展读者的视野，促进交流。

一、关于儿童电影的连线对话

前言：2020 年上海国际电影节开幕前夕，上海人民广播电台主持人孙瑜老师联系我，要和我做一个连线对话，下面是对话内容。而 2022 年恰逢我国儿童电影 100 年，因此将连线对话附录于此，也可以拓展读者的视野。

孙瑜：第 23 届上海国际电影节 7 月 25 日至 7 月 31 日举办。这次电影节您关注了没有，有哪些亮点？

谭旭东：说实在的，这几年不太关注电影了，主要是受到新媒介的影响，日常生活和工作的资讯交流及通信都依赖手机微信，因此对电影几乎很少关注。但知道，今年的疫情对电影产业影响很大，院线难以开张，电影产业面临受众危机。这的确是很致命的。不过，电影艺术对人的影响是很大的，作为 100 多年前就在中国发生的媒介，电影也的确改变了很多人的思维和行为，而且电影与文学一直是互生互动，紧密联系的。如果要点评这次电影节的作品的话，其主题不外乎"传统文化"（《重整河山待后生》），"亲情伦理"（《春江水暖》），"脱贫攻坚"（《杰米拉》），"民族叙事"（《梅朵与月光》《气球》），"青春梦想"（《七月的舞步》《少女佳禾》《我的喜马拉雅》《再见，少年》）。

孙瑜：请推荐今年电影节适合学生看的电影（或者往年特别好的

印象深刻的）。

谭旭东：今年电影节最适合学生看的电影主要是以"青春梦想"为主题的几部，它们的主角也是少年，如《七月的舞步》，它讲述的是母亲吕小梅苦心为女儿规划未来，与她渴望远走的女儿在毕业季互换灵魂，最终读懂了女儿的梦想，并放手让女儿获得生命自主权的故事。它的主角似乎是母亲，主题是家庭教育及家庭问题，包括代沟问题，但反映的却是对少年生命的关注，尤其是对少年心灵世界的理解。当然，目前国内高考均已改期到了6月（今年因为疫情才拖到了7月）。因此，这部电影不妨改为《六月的舞步》。另外，《少女佳禾》反映的是少年情感的困境，如何走出困境，学会成长，这是电影的主题。不过，这部电影在取材上有些与以往的电影雷同，14岁的少女佳禾，正好遇到一个从工读学校归来的少年于镭……这似乎也刻意巧合，而且工读学校在现实生活中早已经取消了。电影里的巧遇，如果换一种方式，也许逻辑上能更加符合"成长的困境"这一主题的表达。《我的喜马拉雅》是一部藏族题材的电影，讲述的是发生在中印边境的一个藏族之家的故事，父亲曲巴从一个奴隶变成这片土地的主人，所以几十年来不愿意离开这片土地，但两个女儿长大了，她们向往山外的世界。这部电影有点儿《哦，香雪》的味道，但故事主题并不新，与脱贫攻坚的现实主题倒是契合了。《再见，少年》讲述的是一个优等生和差生的故事。这个故事也有些问题，反映出编剧和导演并不完全理解当下的中学教育状况。在城市中学里，通过中考，几乎把学生分成了三类：一是上优质高中的，这些中学里是没有所谓的"差生"的。二是上教育质量一般的高中的，这些中学里的学生能考上一本，就是非常优秀的学生了，大部分只能考上二本和专科。三是中考后无法上普通高中，只能上职业中学的，这些学生只能上职业专科院校。所以，电影里的人设和环境都与现实有差距。不过，它反映的青春情感问题却是普遍的问题，容易引起少年的共鸣。

孙瑜：如何挑选适合不同年龄段孩子的电影？

谭旭东：目前国内很难说有足以适合不同年龄孩子的电影作品。因为电影作品主要是针对成年人的。当然，也有针对儿童的电影，但儿童电影主要的受众也是小学生和中学生。而且在儿童电影里，适合小学生的电影又比适合中学生的电影要少。这又是什么原因导致的呢？这主要是由电影本身的特点和儿童教育的特点决定的。比如，一般幼儿和小学生，大多数父母是不会主动带他们看电影的，不仅如此，大部分父母还会尽量控制幼儿和小学生接触电子产品，包括影视作品的机会。另外，小学生的生活、学习基本上是由父母一手安排的，父母很少会专门为小学生安排电影观赏之类的生活内容。加上，给小学生拍摄电影，对电影制作者来说，也是吃力不讨好的，因为小学生经济和生活没有自主权，电影消费能力很低，拍摄出来的儿童电影缺乏市场利益，也就无法继续做下去。这就严重制约了儿童电影的创作、生产和发展。当然，儿童电影越来越不景气和新媒体也有关系。新媒体出现后，儿童接触手机视频的机会多了，也便捷了，于是，影院的儿童电影观赏就越来越难经营了。

但儿童电影还是有不少值得推荐的。这里推荐一些，他们都比较适合小学生观看：比如红色经典电影《小兵张嘎》《闪闪的红星》《向阳院的故事》《英雄小八路》《烽火少年》，根据儿童文学改编的《宝葫芦的秘密》《城南旧事》《"下次开船"港游记》《十四五岁》《红衣少女》《豆蔻年华》《哦，香雪》《男生贾里》《红发卡》《草房子》

等，科幻儿童电影《霹雳贝贝》《荧屏奇遇》《魔表》《疯狂的兔子》等，还有《杂嘴子》《暗号》《背起爸爸上学》等，这些都是 2000 年之前的儿童电影，都有一定的市场效果，但 2000 年以后的儿童电影，绝大部分是依靠基金资助拍摄出来的，很少公映。

孙瑜：还有没有其他儿童电影可以推荐？

谭旭东：有的，因为电影艺术界讲儿童电影时，一般只讲儿童故事片。实际上，适合儿童观看的电影还有动画片。比如说，20 世纪 20 年代、50 年代和 60 年代上海美术电影制片厂就拍摄过不少优秀的动画片。这些影片有中国风，且大多数与儿童文学品质相当，今天看来都很有价值，而且值得观看。如上海美术电影制片厂 1952 年的《小猫钓鱼》，1955 年的《神笔》，1958 年的《小鲤鱼跳龙门》《猪八戒吃西瓜》和《三毛流浪记》，1959 年的《萝卜回来了》，1962 年的《人参娃娃》，1961—1964 年的《大闹天宫》，等等，都非常经典。

国外儿童电影比较经典，在我国很受欢迎，知名度高的有法国的《小淘气尼古拉》、印度的《地球上的星星》、伊朗的《小鞋子》、美国的《天生一对》《小鬼当家》《ET 外星人》《夏洛特的网》《绿野仙踪》等。

孙瑜：孩子看电影会获得怎样的成长和收获？

谭旭东：儿童电影和儿童文学与其他儿童文艺一样，对儿童的成长都是非常有意义的，都是成年人应该为儿童成长准备的精神食粮。就儿童电影来说，有五个方面的价值值得肯定：一是让儿童认识生命、人生、社会和世界，不管儿童电影的内容是什么，都会给儿童敞开一个新的世界，儿童观看电影，就像通过一扇门，进入了一间房子或殿堂，能够了解和感受很多。二是儿童电影一般都是站在儿童立场，考虑到了儿童的心理的，因此，相对其他文艺产品更适合儿童接受，也易于为儿童接受，所以，儿童电影不但会让儿童感受到他们作为儿童的角色，还能让他们感受到他们作为成长的生命，是与成年人不一样的。因此，儿童电影会帮助儿童树立对角色的认同，对身份的认同。三是优秀的儿童电影都会传达正面的价值观或者给予儿童新的观察世界、理解生活的视角，因此，都会有助于儿童的判断力与思考力的培育。四是儿童电影还可以拓展儿童的想象力，有利于他们形成创造力。当然，第五点也不容忽视，那就是儿童电影可以供儿童娱乐，充实他们的课余时间，舒缓他们学习和成长的压力，使他们身心更健康，人格更健康。

二、儿童读写15问15答

2020年5月16日下午，我应邀出席中国人民大学明德讲堂，为广大读者做了一次题为"如何指导孩子选书、读书"的讲座，全国各地有11.7918万人在线观看视频听我讲座。因为这是在小鹅通上做的讲座，听众人数是一点儿没有水分的，所以效果特别好。

做讲座的过程中，不少听众提了问题，工作人员选了15个问题让我回答。讲座结束后，我对这15个问题一一做了简略的回答。这里记录一下，供各位关心孩子读书的师友参考。

问：现在高考名著阅读的整本书阅读指导书非常多，您对于老师和学生选用这种阅读指导书有什么建议吗？

答：显然，这类图书是为了应试，而不是为了提高孩子的阅读兴趣。因此，依赖这类书，是很难提高孩子的阅读能力的。或者说，只买这样的书，而不认真品读名著，肯定是无法提高孩子的读写能力的，且也不一定能应对高考。另外，我对整本书阅读指导抱怀疑态度，名著那样厚，靠一堂课、两堂课来做整本书阅读指导，会有多少效果呢？这值得一问。不过，对初中生、高中生来说，名著读起来并不难，只要有一定的阅读习惯，都可以在短时间内读完一本名著并理解其最感人的形象、情节，领会其思想内涵。所以，我觉得家长花钱买这样的阅读指导书，不如鼓励孩子直接读名著，认真品读名著。

问：孩子是小学五年级的学生，喜欢看漫画，不喜欢读有营养的名著，该如何培养孩子的阅读品味呢？

答：这位家长问的问题比较有代表性，我不止一次听家长问过这样的问题。孩子到了小学五年级还只喜欢看漫画，说明家庭阅读有问题，家长给孩子买书时，只听孩子的，没有注意到课外阅读也要多元化，就像吃营养套餐一样。如果在最初的亲子阅读阶段就给孩子读好书，读优质的文字书，那么，孩子就不会只爱看漫画书了。当然，要培养孩子比较纯正的阅读品味，建议以文字阅读为主，因为上小学后，孩子学习的几乎所有课程的教材，都是以文字为主的书。

问：请问在低龄儿童不识字的情况下如何保证其能读懂没有注音的书呢？

答：孩子还处在低龄期，不要提前识字，也不要急于让孩子识字。因此，这一时期你要给孩子读书，读绘本，讲一些优美的小故事，让孩子感受读书的快乐就很好了。不要让孩子刻意读什么注音书。等孩子到了小学二、三年级了，有一定的识字量，再让他读一些问题比较简单、情节比较有趣、文字比较朴素的童书。

问：12 岁男孩看哪些书较好？

答：12 岁的男孩子一般是读小学六年级左右，不要过多地给他读很厚的名著，可以让他读一些比较有趣，也适合男孩子读的童话和历险故事。比如《骑鹅旅行记》《木偶奇遇记》《彼得·潘》《汤姆·索亚历险记》和《哈利·波特》等。还可以让他读一些科幻小说。

问：孩子 6 岁，喜欢漫画书，请问怎么顺利过渡到文学阅读呢？

答：你的孩子喜欢读书，对漫画书有兴趣，这不是坏事，先不要担心孩子的读书问题。不过，建议你除了买漫画书，还可以买一些绘本，一些桥梁书和一些有趣的童话书给孩子讲，给孩子读，甚至给孩子读读优美的诗，让孩子爱听你读书和讲故事。这样下来，到了小学阶段，他自然会对文学阅读产生兴趣。

问：**怎样进行亲子阅读？**

答：我写过一本名为《享受亲子阅读的快乐》的书，在那本书里就讲了很多方法。当然，也讲了什么是亲子阅读。亲子阅读，简单地说，就是爸爸妈妈给孩子读书，当然，如果孩子有了自主阅读能力，爸爸妈妈可以和孩子一起读书。亲子阅读，没有多少高深的方法，只要你有爱心、耐心，给孩子读书、讲故事就不是问题。当你耐心地给孩子读书、讲故事时，你自然就知道孩子最想要什么，最喜欢什么样的故事，最希望你用什么方法给孩子读书了。

问：**在您的《儿童文学概论》一书中是不是有关于儿童文学系统的推荐阅读？**

答：是的。这是一本大学专业教材，但书里附录了一个当代儿童文学经典的书单，对研究的人来说，是一份很好的参考资料；对儿童阅读来说，也可以参考。后面出版《儿童文学概论》（第二版）时，还会加上现代儿童文学经典的书目。另外，我们上海大学和上海市妇联在今年六一儿童节之际，会给幼儿和小学生开一个阅读推荐书单。这个书单具体是由我们上海大学儿童文学研究中心组织20多位专家一起推荐的，到时公布后，大家可以参考。

问：**《瓦尔登湖》适合孩子自己阅读吗？还是需要父母陪伴着讲解来读呢？而且这本书的译本至少也有100多种了，您觉得哪几个译本不错呢？理由有哪些呢？**

答：《瓦尔登湖》对孩子来说，有一定难度。我是在大学时才开始读这本名著的，当时读得很慢，后来又读了两遍，才读出它的美与深邃。如果能够给孩子买更适合的世界儿童文学经典，就不必过早给孩子读《瓦尔登湖》。这本著作的译本很多，推荐大家读徐迟译的，徐迟是当代著名诗人、报告文学作家，他的译本特别优美、诗意，他理解了《瓦尔登湖》。家长给孩子选择外国读物时，要尽量选名家译本。外国文学名著的译本是很重要的，要选名家翻译的。比如，叶君健译的《安徒生童话》、林桦译的《安徒生童话》，还有杨武能译的《格林童话》，就是权威译本。

问：请问什么算桥梁书呢？

答：桥梁书就是那种介于绘本和纯文字书之间的童书，它的文字不太多，配的插图多，适合小学低年级孩子阅读。桥梁书的文字难度不大，对自主阅读能力不太够的低年级小学生来说，是一种值得选择的童书。我本人就有多本童话和儿童诗做成了桥梁书，比如福建教育出版社出版的"户外朗读·谭旭东大自然微童话"丛书（4册）和大象出版社出版的"谭旭东儿童诗绘本"丛书（4册），就属于桥梁书。

问：比起阅读来，孩子更喜欢玩手机游戏，怎样培养孩子对读书的兴趣呢？

答：当然，如果给孩子玩手机游戏，几乎所有的孩子都喜欢。但孩子能玩手机游戏，一定是大人认为这不是什么问题或者大人不愿意多管孩子。对喜欢玩手机和手机游戏的孩子来说，第一，家长不但要控制自己使用手机的时间，还要禁止孩子玩手机。第二，多给孩子买一些好的童书，比如优质的绘本、优质的儿童文学图书，尤其是世界儿童文学经典。家里书多，而且家长愿意给孩子读书，孩子一般就会爱读书。在这里，我讲一个笑话吧。有一次，我做完一场关于亲子阅读的讲座，一位妈妈问我："谭老师，我孩子特别爱看电视，怎么办哪？"我笑了笑，说："那我去你家帮你把电视机扔掉吧！"在场的好多家长都笑了。

问：三至六年级具体读什么书？能麻烦说一下吗？

答：一般家长都喜欢这么直接问问题，但小学中高年级的孩子一般都有自主阅读能力，家长应该专门带孩子逛一逛书店，和孩子一起挑选一些他们喜欢的书，也挑选一些中外儿童文学名著或名家新作，还可以适当订阅两份儿童报刊。家里没有什么像样的书，家长又不愿意花时间陪孩子逛书店，读什么书的问题就难以解决。

问：孩子一年级了，每天读书30分钟，但是一到点立马停止阅读，似乎是为了完成任务，并没有发自肺腑地爱看书。如果让他自由选择书的话，他爱看漫威系列、电视动画片系列的书，该怎么引导他喜欢文学类的书呢？

答：你说的这种情况，我猜有三个原因：一是你把孩子每天读书30分钟当成任务，而不是把课外阅读当成生活习惯。当成任务，就是一个负担；如果把它当成生活习惯，就是每天自然要做的事了。所以不要强制性地让孩子读30分钟的书，而是应该吸引他每天都读读书。二是一年级的孩子，识字量有限，自主阅读能力不够，你应该给孩子读书、讲故事，这样，孩子就不会觉得困难了。三是可能你给孩子买的书，并不太吸引孩子，而只是你认为有教育意义的书。要想让孩子喜欢文学类的书，你就要多购买一些优秀的儿童文学图书给孩子读，他读多了，就会喜欢的。

问：请问幼儿园和小学低年级的孩子，阅读效果如何检验？每天阅读的时间多长比较合适？

答：对幼儿和小学低年级的孩子，还是要做亲子阅读。当你用温柔的声音给孩子读书、讲故事时，你的孩子会觉得你是爱他的、信任他的。亲子阅读会给你带来很多意想不到的效果，当然，这效果一定是因为爱和信任而产生的情感共鸣，而不是认识了多少字、学了多少知识。当你给孩子做亲子阅读时，他会很喜欢的，那时候，时间长短并不十分重要，而且你也会敏感地捕捉到孩子的兴趣，并掌握好亲子阅读的节奏。

问：想问您一个问题，如果从具体的微观层面来考察童书的质量，如何能够真正站在儿童的立场和角度来判断此书对儿童是好是坏？因为不少儿童对诸如笑话之类的漫画感兴趣，喜欢读，但此类图书并不属于经典好书，儿童立场与成人立场是否冲突？

答：我明白你的意思，你是觉得成人应该站在孩子的立场上，孩子喜欢的，不一定是成人喜欢的；而成人认为好的，孩子不一定喜欢。这种看法有一定道理，但世界儿童文学经典和好书还是有基本的标准的，如果我们太在意孩子的意见，可能就会失去指导的好机会，也可能失去引导孩子选好书、读好书的机会。在课外阅读上，在亲子教育方面，成人应该有这个智慧来区分哪些是不利于孩子成长的，哪些问题是应该面对的，哪些时候是可以顺应孩子的。

问：读西方文学名著是读外文原版好还是读译本好呢？

答：还是读译本吧。毕竟绝大部分孩子还在学外语，而且外文原版书也不是那么好读的，很多家庭也不一定能购买到。等孩子大了，上了大学，外语程度高了，可以到那时再去读外文原著。干什么都不必太急，还是尽量按照常识来。

三、如何提高孩子的读写能力

2020 年 5 月 23 日下午，我应邀给中国人民大学出版社主办的"明德讲堂"做了第二场讲座《如何提高孩子的读写能力》。非常开心的是，又有好几万听众、读者听我的直播。下面，我来回答一下 11 位听众、读者朋友提的问题。

问：如何看待小学高年级学生用思维导图来辅助读书？谢谢！

答：这些年，用思维导图教语文、教阅读、教作文，很时髦，我也听过几堂这样的示范课和公开课。思维导图主要是一种思维训练，但根据一个图来写作文，我觉得不是一个好方法，哪个人真的会先画一个导图，然后再根据这个导图去作文呢？又有谁会根据一个导图去读一本书呢？肯定不会的。但画思维导图是一种思维训练方法，比如，读了陈忠实的《白鹿原》，可以画出这部小说里的人物关系图，在画图的过程中，可以更清晰地理解小说里的社会结构、家族模式和叙事特点，但小说家在创作时，是不会根据一个图去创作的。另外，一般读者也不会根据一个图去读一本书。因此可以说，思维导图更多的是一种思维训练，便于人理解事物，但具体到读书和作文，思维导图就不是一种多么可行的方法。

问：谭教授，读书与孩子三观的建立有什么关系呢？

答：这个问题很大，也问得很好。"三观"就是人生观、价值观和世界观。读好书，当然能够帮助孩子树立正确的人生观、价值观和世界观，反之，不好的书，就达不到这个效果。甚至会使儿童的价值观扭曲。比如，一味给孩子读流行书，就容易导致孩子追赶时髦，不信任经典，甚至品味轻浮。比如，那些带有暴力、色情内容的图书，读多了，就容易有暴力倾向，甚至诱发色情想象。因此，给孩子选书、读书是一件很谨慎的事，家长和语文老师不可粗心大意。当然，一味给孩子读应试的书，也容易导向孩子功利的思维。

问：谭教授，你刚才说到，语文阅读应该唤醒孩子的内心，可是现在的考试就是要考这些标准答案。我们做老师的也很苦恼，读更多的书是要有胆量的，禁得住时间检验的。不过现在没有哪一所学校愿意做三年或者更长时间的等待。对成绩的要求把语文教学逼成没有一点儿语文味道的枯燥无味的教学。这种状态该怎么办？

答：首先谢谢您的真诚！作为大学里的文学老师，我也有同感。你说的，我觉得其实也是绝大部分语文老师的焦虑。的确，没有哪一位语文老师能够改变现有的语文课本、语文考试模式和评价标准，甚至一个普通的语文老师连本校的年级组长的意见都没法违背，因此作为普通语文教师要想改变一些东西是很难的。不过，即便如此，语文老师可以改变自己的课堂，让课堂更加符合孩子的需要，更符合童心，更能体现对孩子的理解，更加具有可行的方法。孩子们也很聪明，当我们在努力唤醒他们时，他们是感觉得到的；而当我们是在功利地教学时，他们也知道，只是他们不敢公开说而已。另外还有一点，多读好书，让孩子更加信任文字，对语文学习只有好处，没有坏处。读课外书和学语文不矛盾，不冲突。有些家长和语文老师认为读更多的书会影响成绩，这是错误的。

问：谭老师好，在给孩子选择好书的过程中，应该怎样合理看待各种网站和公众号的书单排行榜？教孩子写作文，有种观点是让孩子多背多读优秀作文，这种观点您认可吗？

答：这个问题很好。所有的书单和图书排行榜都是参考性的，千万不要把这些当作读书指南。尤其不要认为这是什么必读书。最近，"六一"儿童节之际，我们上海大学和上海市妇联也推出了一个幼儿和小学生阅读书单（100 本），但这也是一个公益性的阅读推广，不是给儿童开列"必读书"。因为很多家长对家庭阅读很困惑，不知道怎么选书，也没有时间去查阅阅读资料。但他们对有些机构列出来的书目又不太信任，于是，我们就组织了 20 多位阅读专家、教育专家、儿童文学作家和童书编辑，从 2018 年至 2020 年出版的童书中挑出 100 本，供家庭阅读参考。现在各种书单和排行榜背后是商业性的力量，我觉得家长和语文老师要注意分辨。

另外，教孩子作文，建议不要让孩子背诵优秀作文，但可以读同龄人的作文。通过读同龄人的作文，感受、感悟和理解同龄人的文字组装方法，提高自己的作文能力。背诵示范作文、标准作文，然后去套作，这其实是变相的抄袭。

问：谭老师好，感谢您精彩的讲座，非常有启发。在阅读上，孩子只喜欢伸手就能拿到的"甜点"，怎样让孩子喜欢跳起来才能够得到的"苹果"呢？

答：谢谢你的肯定！"甜点"也是美食，但仅仅吃甜点肯定不够，因此要给孩子吃营养套餐，当然，营养套餐里最有营养的是什么，其实家长和语文老师都知道。为了培养孩子对跳起来才能够得到的"苹果"有兴趣，当然要在一开始给孩子读书时，就选好书，就选稍微有点儿难度的书。比如，如果在幼儿阶段只给孩子读绘本，那么可能以后孩子就很难亲近纯文字的书。所以读书要读那些比实际的理解力稍微高一点儿、难一点儿的书。一般来说，精美的文字、经典的作品都具备这个特点。

问：谭老师好，听了您的讲座很惭愧。家长没有读书习惯，却要求孩子爱读书，这是不合理的。想问您成年人如何培养阅读兴趣，养成读书的习惯，为孩子做榜样？

答：谢谢您！你太诚实了。不过确实，我们做家长的如果不爱读书，却要求孩子去好好读书，的确是没有说服力的。培养读书习惯，靠的是坚持。如果每天都抽一点儿空闲时间读读书，周末、假期和孩子一起读读书，孩子就能感觉出你是爱读书，也爱学习的。爱读书的父母，在孩子的眼里一定是不平庸的父母，是有追求的父母。言传身教，读书也一样。

问：谭老师，孩子可以读现代诗歌吗？有点儿担心孩子过分追求诗意，忽略其他的写作能力。

答：诗是用精练的语言写出来的，好的诗里的意象很灵动，意境优美。读诗，特别容易培养孩子的语言感受力，对成年人也一样。读诗不只是追求诗意，追求诗意不一定要读诗。读诗，对孩子来说，最大的好处就是培养孩子的语言感受力和对词语的敏感度。另外，小学、中学和大学的语文课本及文学选读课里，不只有某一类作品，而是既有新诗、古诗词，还有散文、小说、戏剧等多种文体，因此，从小读书，就要注意多样化。不然，容易产生阅读偏见。阅读偏见不利于语文学习，也不符合学习的规律。

问：谭老师好，孩子不爱写东西，除了学校要求的作文，很难主动写点儿什么。怎么让孩子爱上写作呢？

答：孩子不爱写作，和语文课有很大关系，因为学校里的作文课大多是无趣的，学生大都是在没办法的情况下，才硬着头皮去写模式作文的。但写作兴趣可以通过家庭环境培养起来，如果家里有很多书，孩子爱读，而且父母给孩子表达的自由和机会，让孩子有独立的发呆、思考和写作的空间，孩子一般都会写点儿东西，比如写日记之类。因此，父母不要时时盯着孩子，把孩子的课外时间安排得满满的，给孩子一些独立、自由的时间和空间，让孩子用文字与心灵对话，多好哇。

问：老师好，孩子每次写作文就抓耳挠腮，没有思路，写出来的内容也像是流水账，要怎样丰富阅读量提高写作水平呢？

答：写流水账不可怕，一开始作文，能把一天的事清清楚楚地记录下来，是很好的。当然，学会记流水账后，再问一问孩子，这一天发生的事里，哪一件最有意思、最没趣、最可怕……孩子回答了，你就让他抓住一点去写，去写"最有意思的一件事""最没趣的事""最可怕的事"等作文，写细一些，写长一点儿。就可以从记流水账过渡到写生动的故事作文了。

问：孩子原来挺爱学语文的，后来有几次成绩不好后，就对语文学习好像丧失信心了，应该怎么鼓励他呢？

答：语文成绩不太好，一般是对老师规定的知识点记忆不够。这不是什么大事。不过，小学、中学语文课文难度本来就不大，尤其是被编者改编后，都很简单，没什么难度。所以只要能多读几遍，基本就懂了。估计你的孩子是很少读课文，甚至上课都没专心，或者是语文老师上课吸引不了他。你问一下孩子，就可以有针对性地和他交流，并鼓励他多读课文，理解里面的难词难句，然后，按时完成作业，语文成绩就能提高。

问：谭老师好，请问中学以后应试压力增大，老师在学校教一些写作的套路，孩子越来越不主动写作了，作为家长该怎么办呢？

答：你这个问题很典型，目前来看，最好的办法就是你告诉孩子，作文写不好，语文考试肯定不行。语文考不好，上名校就没希望。现在，中考和高考基本上都是考材料作文，是有套路的。但我觉得只要孩子愿意写，越有套路的越容易学会。所以不要害怕。怕的就是考那些没有套路的东西。如果有套路的作文都写不好，其他的文字要写好，恐怕也难。

四、选择那些跳起来才能摘得到的 "苹果"

——专访鲁迅文学奖获得者、著名学者谭旭东

高爽

几年前就采访过著名儿童文学作家、儿童文学研究者谭旭东，当时讨论了大众阅读领域中存在的很多令人焦虑的问题。但目前看来，公众对阅读的关注和重视正在提高，这是非常令人欣喜的。

因此，在"应该读"的问题已经在一定程度上解决了的时候，我们想把话题向更深层次推进，那就是"读什么""怎么读"的问题，特别是对"什么样的书是经典"进行一个集中的讨论。

这次的采访，希望能够凭借他在儿童文学创作和研究领域多年的实践，给广大读者特别是广大少年儿童及其家长的阅读带来一些启发。

一、真正的经典最终都会大众化

记者：我们想对何谓"大众经典"做一个概念上的界定。不知道您认为是否有将大众经典和专业经典进行区分的必要，如果这个"大众经典"的概念可以建立的话，应该如何设定标准？

谭旭东：其实，媒体上提到的"大众经典"是一个伪命题，因为经典都是大众的，我们所阅读的世界文学名著，之所以叫名著，就是因为大家都喜欢，而且很多是真正家喻户晓的作品。如果只是小众阅读的作品则很难成为经典，自然也谈不上大众喜爱了。不过，我理解你的意思，这里你把"大众经典"与"专业经典"并列起来，就是说，

在实际的阅读中，存在两类所谓的"经典"：一种是被广大读者认可的经典，另一种是被专业人士，比如说文学界内部或大学学院专家内部认可的属于"纯文学"的经典。比如说，现在很多人认为当下的畅销书就可以说是大众的经典，而那些符合专家胃口的"纯文学"就是小众的经典。

我个人觉得，在每一个时代，都有阶段性的被广泛接受的作品，它们在某一个时段很流行，甚至影响力超过了传统的经典。如20世纪80年代琼瑶的小说和汪国真的诗，就是你所说的"大众经典"。但我觉得这些作品最好不要用"经典"这个词来定义，我前面说过了，真正的经典最终都会大众化，都是既被专业人士普遍认可也被一般读者广泛阅读的。我觉得，与其区分"大众经典"与"专业经典"的概念，不如直接拿"畅销书"与"经典"来区分。畅销书就是一时被很多人喜欢，但不会长久被喜欢的大众读物。而经典就是无论你什么时候阅读，都会觉得有新意，即能被不同时代的人反复阅读、反复诠释的优秀作品，所以经典是历代的长销书。

二、阅读需要引领，大众的趣味是可以调试的

记者：您在一篇文章中提到，目前在阅读领域并不缺乏对通俗、流行的厚爱，但我们更需坚守对纯文学品味的追求。其中的道理何在？这两种阅读品味之间的区别在哪里呢？

谭旭东：其实在任何一个时代，通俗的、流行的作品总是占据着阅读的主流，不过，随着时间的淘洗，大众的不断区分选择，一些优秀的能够超越时代趣味的作品就被流传下来，成了跨越时代的经典。当下，我们所处的这个时代，不也是大众趣味十足，各种流行文化在大肆占领各种影视频道和报刊吗？不只是青春文学、网络文学中夹杂着大量的流行趣味，就是纯文学的期刊里和那些一向以纯文学创作为主旨的作品，不也在向大众趣味妥协吗？任何一个时代，都有很热闹的文化景观，但最清醒的人往往是少数，而且，能够不为一时的大众趣味而随意改变自己审美取向和精神高度的人，就可能成为时代的文化英雄。所以我觉得，阅读是需要引领的，文化更需要引领，大众的趣味也是可以调试的，我觉得一个有责任、有理想和有追求的作家应该给大众提供的作品，不是随时随地可以取乐的，而是那种让大众跳起来才能摘得到的苹果。

三、总有家长根据自己的喜好强势干预孩子的阅读

记者：关于儿童的阅读，您提到了童书的四个层次，有名家经典、动漫游戏、知识类、图画书。这四个层次是针对孩子的年龄段进行的区分，还是可以同时进行的呢？或者说，您可不可以针对小学低年级、小学中高年级、初中生及高中生，设计一个不同的读书计划呢？

谭旭东：我提出了童书的四种层次，只是分析童书出版的格局。但就儿童阅读来说，我感觉也要分层次，分品种。比如说，小学低年级学生的阅读，可以设计这几种：一是阅读一些优秀的儿童绘本，二是阅读一些优秀的幼儿期刊，三是阅读一些适合低年级学生的故事、童话和儿童诗。当然，我觉得小学低年级学生的阅读要父母多参与，在家庭中做"亲子阅读"。因为小学低年级学生的识字量有限，大部分孩子不能自主阅读，所以家长给孩子读书就非常重要。小学中高年级学生的阅读非常重要，我觉得父母应该尽可能地满足他们自主阅读的需要。一般来说，我建议给他们的书单要包括：一些世界儿童文学经典，一些当下最流行的儿童图书，一些卡通动漫图书，一些科普读物，一些名人传记。品种应该齐全一些，知识涵盖面要广一些。对初中生

和高中生的阅读来说，目前我们的影响包括家长的影响几乎不可能有多少，因为应试的压力很大，但我依然希望家长们尽可能地满足他们的阅读需求。中学生的阅读还是要以世界文学名著为主，不要再局限于儿童文学作品了。我是很反感那些很片面的观念的，比如说，一味地强调读"国学"，一味地强调读绘本，一味地强调远离动漫，这些都不可能，也没必要。

记者：前一阵子有一个新闻，一位母亲在微博上发了一篇文章说不要让孩子读《海的女儿》，她认为小美人鱼付出终身痛苦的代价去换取爱情是不值得的。这种以现代人的观点来解读经典童话的做法您怎么看？

谭旭东：《海的女儿》里，作者把爱与自由看作人的最高价值追求，所以才会有这样的情节。那个母亲不认同，只是她并没意识到人还有比肉身的健康更高的价值。当然，从这件事也可以看出，家长们总是会根据自己的喜好来主观而强势地干预儿童的阅读。你自己不喜欢童话，就认为童话没有价值。世界上流传最广的都是童话，安徒生、格林兄弟，难道不是世界上真正家喻户晓的作家吗？童话世界其实很深邃，只是我们很多人不了解童话里还有很多艺术的元素和思想的元素。很多家长都觉得儿童文学很幼稚，应该让孩子多读一些成熟的世故的作品，那样长大后，他们会更老练一些，会更有生存能力。这种普遍性的观点其实可能就是错误的：第一，你强行干预了孩子的成长，不符合孩子的心灵需要，也违背了孩子成长的规律。第二，你认为孩子阅读的流行的读物没有价值。但你想过没有，你让孩子读的那些东西，也可能让孩子早熟，或者变得世故圆滑。这就是一种典型的"家长主义"的很霸道的忧虑。

四、家长不要一味给孩子灌输所谓的经典意识

记者：您提到了儿童文学所承担的多种美学功能，并提到了要为孩子提供"营养套餐"，但我们在采访中发现，很多家长都对孩子的阅读感到很矛盾，孩子的业余阅读时间有限，既做不到慢阅读，也做不到全面涉猎，那么，有没有可能针对这种有限的阅读时间，您再给设计一个比较经济实用的阅读方案？

谭旭东：你给我出了一个难题，人们的确总是希望在阅读上立刻见效，而且像做别的事情一样具有经济效益。书籍不同于一般的生活器具，它不能"吃、穿、住、行"，它顶多算是一种"纸上游戏"，是用来安慰人的心灵、提升人的精神的。我在给广大家长讲阅读的时候，总会告诉他们，儿童的文学阅读自然是以符合儿童心理的优秀儿童文学作品为主，但大家都知道文学阅读是非功利性的，即使是按照语文课本上的提示来阅读，也不可能直接对考试有利。但我依然觉得可以拿出一个相对可行的阅读方案，比如对小学生来说，除了阅读一些世界儿童文学经典，还可以阅读一些当下比较流行的作品，把经典阅读与流行趣味有机结合起来。家长不要一味给孩子灌输所谓的经典意识。更不要恐惧于孩子对那些发行量很大的时尚的甚至搞笑的当下作品的钟爱。我们得肯定，孩子是有阅读智慧的，孩子自然也有成长的智慧，因此，给孩子的阅读书单，应该是既有经典，又有当下作品；既有书籍，也有报纸；既符合成年人的教育观念，也符合儿童自身特点。

记者：能否请您开列一个儿童文学的经典书目，或者作家推荐。

谭旭东：非常感谢您的信任！书单只能参考，孩子的阅读是要受到不同家庭条件的影响的。我小时候读过"四大名著"，读过冰心、艾青、叶圣陶等作家的作品。世界名著里，对我影响最大的是但丁的《神曲》、泰戈尔的《园丁集》和《新月集》、惠特曼的《草叶集》和普希金的诗歌选。很多家长喜欢读小说，所以给孩子阅读的小说很多。我感觉，现在的中小学生，除了要多读《小王子》《吹牛大王历险记》《骑鹅旅行记》《木偶奇遇记》和《窗边的小豆豆》等世界儿童文学经典，还要读读中国儿童文学的经典，如叶圣陶的《稻草人》、冰心的《寄小读者》、林海音的《城南旧事》和严文井的《小溪流的歌》等。中国现代作家中，鲁迅、周作人、朱自清的散文，老舍的小说，郭沫若、艾青的诗，等等，都很值得阅读。如果家长觉得孩子的阅读能力很强，而且也进入了青春期，一个简单的办法，买一套诺贝尔文学奖获奖作家的作品集，肯定能得到孩子的喜爱。

最后，我想向广大家长说一句话，孩子的阅读很大程度上受家庭氛围的影响，因此，如果你希望孩子爱读书，读好书，那么你就自己爱读书，读好书吧。如果你的家里摆满了豪华的家具，但没有一个像样的书架，也没有几本像样的好书，那么，你再忧虑，再希望孩子爱读书，都是很牵强的。

（本专访于 2019 年 6 月 19 日《辽宁日报》整版刊出，并配照片和简介。该文还被"学习强国"学习平台转载，题目为《不要给孩子灌输所谓的经典意识》）

五、谭旭东：穿着平跟鞋漫步在红河的土地上

锁华媛

一脚踏进红河，谭旭东就迷醉于亚热带高原季风气候热烈的阳光中。在散发着鸡蛋花和三角梅的清新气息中，他即兴写下了一首诗:《穿着平跟鞋漫步在红河的土地上》。

在谭旭东眼里，这里的夏日阳光是能晒的，处处散发的都是自然的体香。而碧色寨的铁轨，早已从南方伸向了北方……

一、人类的文明基于阅读能力

和谭旭东聊天，了解了一些他的童年生活。还是山村少年时，他爱读课外书，所以早早接触到了世界文学经典。他不太爱和其他孩子打打闹闹，常常呆坐在山坡上看蓝天白云，心却早已飞到遥远的地方。他知道山外的世界很精彩，地球是圆的，火车和飞机会把人从这座城市载到另一座城市。这些，就是他从书里知道的。出身于书香家庭，书籍让他感受到了这个世界的奇妙，也让他拥有了更多的梦想。他知道，读书，可以改变自己。

因为读书，情感也越来越细腻，表达能力越来越强。小学四年级，谭旭东第一次参加学区举行的作文比赛。那天下着雨，他跟着班主任，第一次走到20里外的中心小学，怕雨水把妈妈专门买的崭新而体面的绿色军鞋打湿弄脏，他就脱下来，一路抱着。

"想象一下，如果没有读文学作品，会这么做吗？"他笑着说。

谭旭东获得了作文比赛一等奖，并得到了一本珍贵的《新华字典》。

当然，经典让他对文学有了更多的认识。他觉得，文学维度除了历史、思想、审美，还有教育。最早的文学就是用来教育人的。现代学校教育，就是建立在阅读基础上的，学校就是让大家集体读书的地方。因此读经典尤其重要。

他认为，人类的现代文明是因为有了现代学校和经典阅读，学习能力是基于阅读能力。科技革命源于思想革命，而思想革命源于阅读革命。电子媒介的革命变迁削减和影响了纸质阅读，形成了新的对世界的认识与评判标准，进入社交媒体时代，知识生产控制在自己手上。这是新媒体的优势，是创意写作的时代，也是写作的革命，它把阅读、创作、批评权利给到了每个人，充分释放创作的主体性，不需要害怕。

"反而要利用新媒体的传播优势，让作品更加有效地传播，并实现社会服务。知识产权的转移与交易价值，这是传统的文学界需要思考的。"

二、语文就是从口语到书面语

端坐在云南省红河哈尼族彝族自治州弥勒市未来城生活馆的讲座台上，面对百余位苦苦想要追寻文学梦的文学爱好者，谭旭东在富有激情和理性的讲座中开出的良方就是读书，读文学经典。"一个人的阅读能力，就是学习能力。一个人最初的阅读，就是最初的语文。"

语文是什么？作为中文系教授的谭旭东认为，不是简单的"语+文"而是"从语到文"。从口语表达到书面语的写作，中间有一座山要爬过去，就是阅读，因此实现由语到文，要抓好阅读。这样，才能把看到的事物、想到的情境写成合适的文字，才能学会书面语的优雅表达。

"有的学生口头表达能力很厉害，但写不出来，因为他没有充分的阅读，就没有美好文字的模板，也就无法写出来。语文的主要目标就是阅读和写作能力的培养。"

一个十岁女孩问他，作家作品进入教材后做了改编，但其实原作也是看得懂的，为什么还要改编呢，谭旭东直截了当地回答："这是教材编辑自作聪明。但教材即使不好，你依然要好好阅读。课内阅读不是学生简单地学习字词，不要只是拘泥于课文，课后要去接受不一样的文字版本，要建立对更多的好文字的兴趣。语文老师就是要实现这个目标。"

"必须清晰地知道，语文能力与能否讲普通话一点儿关系都没有。每个人都可以学好语文，每个人都可以实现自己的文学梦，不要把作家当作天才，要循序渐进地写，慢慢提升写作能力。"

三、儿童文学是"翻译"的文学

20年前，谭旭东曾被称为"中国最活跃的新锐批评家"，在他眼里，文学有"三论"：文学评论、文学理论、文学批评。他认为，文学评论需要职业精神，以鼓励为主；文学批评需要科学精神，要细细解剖；评论和批评对文学创作都有价值，不要否认这二者的作用。

文学理论则是提供认识论。谈到文学是什么，他说："过去讲文学是人学。但教育学、心理学也是人学。讲文学是人学，这不是对文学的本质定位，而是提供一个立场。文学不会是赤裸裸的生活和自然，文学有诗意，有美感，有爱。文学源于生活，高于生活。即使是一个悲剧，也不会让人绝望。比如《卖火柴的小女孩》，当幸福的家庭围炉吃火鸡时，还有一个孩子在挨饿受冻。这其实也是在告诉我们，只要有一个孩子还在受苦，我们每个成年人就都有责任。这个作品里有追问，当然也有期待。"

在讲座中，从生命层面和生活层面，谭旭东谈了自己对文学的理解。

　　从生命层面看，有个体生命、群体生命、自然生命三个层面，个体生命层面更多具有符号性，但与群体生命紧密联结在一起。在既往的文学经验中，个体和群体生命的经验相对多一些，"从人的视角去看万物，怎么去看？不能忽视自然生命的经验。"因此，他认为文学不要忽视自然生命。

　　从生活层面来看，他认为文学的经验包括三个方面：现实生活、历史生活、幻想生活，现实生活是我们经历过的，所见所闻；历史生活是我们没有经历过的，是祖先经历过的，像历史的河流；幻想生活是想象的生活，也是我们想要的生活。文学呈现这些经验，也是人本身的意义所在。在实际的写作中，这些经验占比不同，也就成就了不同内涵的作品。

　　作为儿童文学学者，谭旭东这样诠释儿童文学写作："它像做翻译一样，要懂得在源语言与目标语言之间进行转换，也就是说，儿童文学创作好比把成人语言用信、达、雅的语言，翻译成儿童语言。"

　　学过外语，也有着丰富翻译经验的谭旭东，让我们发现了：不一样的专业背景，别样的解读。

四、余秀华的诗构成了一种幻觉

　　如何看待余秀华的诗。谭旭东如是回答：评价余秀华这样的诗人的作品，要看诗作背后这个角色是谁。换一个人写，这些作品是站不住脚的，但余秀华写出来，你就会觉得她很可爱。她有些表达情感的诗句很直接，很另类，其他诗人写出来，读者会接受不了。就像《皇帝的新装》里那个说真话的男孩子，这些话谁都会说，但只有小男孩说出来了，才有震撼力。读者都觉得这个男孩他率真、无所顾忌，说出了读者想要说的话。余秀华也一样，她真正的读者不是儿童，她的作品写出了自己的情感和愿望，也触动了一些读者的心，并且她的诗本身就构成一种幻觉：一种作者对于爱的幻觉。读她的诗，好像体验并满足了某种幻觉。至于她长什么样，并不重要，因此，真实的余秀华其实受到了忽略。

五、采风云南填补了两个空白

这次云南采风，谭旭东认为收获很多，还填补了他的两个空白：其一，之前他在台湾、广东和广西等地都踏过了北回归线，这次在碧色寨采风，很完美地踏过了北回归线；其二，终于在蒙自找到了舒婷《神女峰》里的"女贞子的洪流"的意象，他看到了诗里的"女贞"树，以前在厦门和漳州见过，但没有这么高大。他说，如果不认识华南、闽南的女贞树，就很难理解舒婷诗里那个意象为何会出现在《神女峰》的诗行里，也很难产生合理的联想。

"一位优秀的诗人是善于营造意象的，而且善于以意象之变形来达到组合技巧，表达情感和思想的目的。"在谈到新诗时，他说海子的《亚洲铜》是一个中国意象，可惜很多人没读懂。为什么会是中国意象？这是诗人在现代中国的建构中，自我与想象的结合，这是那个时代的烙印，诗人都想以诗歌的方式展示社会参与力，这是诗人与诗歌社会性的一面。海子有，舒婷、梁小斌、欧阳江河和顾城也有，那个时代的朦胧诗里都有。"但顾城从小生活在缺爱也比较封闭的环境，没有学会与别人交流，身体完成了成长但心灵没有很好地成长，所以爱情和两性关系处理不好，就自杀了。一个人的成长，如果只有自然成长，文化没有成长，就是有欠缺的。人性需要不断审判、更迭，才能不断进步，创造性进步。"

谭旭东在红河创作了一首诗《穿着平跟鞋漫步在红河的土地上》，在晚上朗诵过，赢得了大家的掌声：

像豪雨刚刚洗过的土地
散发着浓郁的草木的气息
这是自然生命的体香
每当走近一棵鸡蛋花树
或把脸贴近一片三角梅的叶子
我都会迷醉于夏日热烈的阳光
鸟儿在鸣唱，好像要把叮过的果子留给我
它们知道我最想要是爱的甜蜜
而我也欣赏那些不起眼的小花小苗

穿着平跟鞋在红河的路上漫步
泥土的芬芳随微风弥漫四方
古老小街向人诉说百年的故事
碧色寨的铁轨带我从现实走到历史的深处
有一种纯真的渴望如万年青的叶脉一样张开
慢慢渗透进入果实般饱满的心房

（注：这是 2022 年 8 月 1 日，首批"全国著名作家看云南"专题报道，由云南网记者锁华媛采写，云南网 2022 年 8 月 7 日配多帧照片刊出，云南学习网和"学习强国"学习平台转载）